大方廣佛華嚴經第七十二卷廣一袖

大方廣佛華嚴經

일러두기

1. 『대방광불화엄경 강설』 원문原文의 저본底本은 근세에 교정이 가장 잘 되었다고 정평이 나 있는 대만臺灣의 불타교육기금회佛陀敎育基金會에서 출판한 『화엄경소초華嚴經疏鈔』본입니다.

2. 『대방광불화엄경 강설』은 실차난타實叉難陀가 695년부터 699년까지 4년에 걸쳐 번역해 낸 80권본卷本 『대방광불화엄경』을 우리말로 옮기고 강설을 붙인 것입니다.

3. 『대방광불화엄경』은 애초 산스크리트에서 한역漢譯된 경전이지만 현재 산스크리트본은 소실된 상태입니다. 산스크리트를 음차한 경우 굳이 원래 소리를 표기하려고 하기보다는 『표준국어대사전』이나 『불교사전』 등에 등재된 한자음을 사용하는 것을 원칙으로 하였습니다.

4. 경문의 한글 번역은 동국역경원본을 참고하여 그대로 또는 첨삭을 하며 의미대로 번역하고 다듬었습니다.

5. 각 품마다 내용에 따라 단락을 나누고 제목을 달았습니다. 단락의 제목은 주로 청량淸凉스님의 견해에 기초하였고 이통현李通玄장자의 견해를 참고로 하였습니다.

6. 『대방광불화엄경 강설』의 발행 순서는 한역 경전의 편재 순서를 기준으로 하였고 각 권은 단행본 한 권씩으로 출간될 예정이며 모두 80권으로 완간됩니다. 다만 80권본에 빠져 있는 「보현행원품」은 80권본 완역 및 강설 후 시리즈에 포함돼 추가될 예정입니다.

7. 『대방광불화엄경 강설』 안에서 불교용어를 풀이한 것은 운허스님이 저술하고 동국역경원에서 편찬한 『불교사전』을 인용하였습니다.

8. 각주의 청량스님의 소疏는 대만에서 입력한 大方廣佛華嚴經 사이트의 것을 사용하였습니다.

9. 『대방광불화엄경 강설』 입법계품에 들어가는 문수지남도는 북송北宋시대 불국佛國선사가 선재동자가 53명의 선지식을 친견하여 법을 구하는 장면을 하나하나 그림으로 그린 것입니다.

대방광불화엄경 강설
제 72 권

三十九. 입법계품入法界品 13

실차난타實叉難陀 한역
무비스님 강설

서문

그 마음 적정하여 삼매에 머물고
끝까지 청량하여 번뇌 없으며
일체 지혜의 원인 이미 닦았으면
이것이 깨달은 이의 해탈입니다.

모든 진실한 모양 잘 알고
그지없는 법계의 문에 깊이 들어가
중생을 제도하여 남김이 없으면
이것이 지혜 등불 얻은 이의 해탈입니다.

중생의 진실한 성품 통달해
일체 모든 있다는 데 집착하지 않고
그림자처럼 마음의 물에 널리 비치면
이것이 바른 길 걷는 이의 해탈입니다.

세 세상 모든 부처님의

방편과 서원의 종자로부터 나서

모든 겁 모든 세계에 부지런히 수행하면

이것이 보현의 해탈입니다.

모든 법계의 문에 두루 들어가

시방의 세계 바다 모두 다 보고

이뤄지고 무너지는 겁을 보아도

끝까지 분별하는 마음 없으며

법계의 모든 티끌 속마다

여래가 보리수 아래 앉아서

보리를 이루고 중생 교화함을 본다면

이것이 걸림 없는 눈 가진 이의 해탈입니다.

2017년 10월 20일

신라 화엄종찰 금정산 범어사

如天 無比

대방광불화엄경 목차

대방광불화엄경 강설 제72권

三十九. 입법계품入法界品 13

대방광불화엄경 강설

제72권

三十九. 입법계품 13

문수지남도 제38, 선재동자가 개부일체수화주야신을 친견하다.

38. 개부일체수화주야신
開敷一切樹華主夜神

제7 원행지遠行地 선지식

1) 개부일체수화주야신을 뵙고 법을 묻다

이시　선재동자　입보살심심자재묘음해탈
爾時에 **善財童子**가 **入菩薩甚深自在妙音解脫**

문　수행증진　왕예개부일체수화야신소
門하야 **修行增進**하고 **往詣開敷一切樹華夜神所**하야

견기신　재중보향수누각지내묘보소성사자좌
見其身이 **在衆寶香樹樓閣之內妙寶所成獅子座**

상　백만야신　소공위요
上하사 **百萬夜神**의 **所共圍繞**하니라

　그때에 선재동자는 보살의 매우 깊고 자유자재한 묘
한 음성의 해탈문에 들어가서 수행이 증진하여 개부일

체수화주야신에게 나아가서 보니, 그 주야신의 몸이 보배 향 나무로 지은 누각 안에서 묘한 보배로 만든 사자좌에 앉았는데 백만의 주야신이 함께 에워싸고 있었습니다.

時에 善財童子가 頂禮其足하며 於前合掌하야 而
시 선재동자 정례기족 어전합장 이

作是言호대 聖者여 我已先發阿耨多羅三藐三菩
작시언 성자 아이선발아뇩다라삼먁삼보

提心호니 而未知菩薩이 云何學菩薩行이며 云何得
리심 이미지보살 운하학보살행 운하득

一切智리잇고 唯願垂慈하사 爲我宣說하소서
일체지 유원수자 위아선설

이때에 선재동자가 그의 발에 예배하고 앞에 서서 합장하고 말하였습니다. "거룩하신 이여, 저는 이미 아뇩다라삼먁삼보리심을 내었으나 보살이 어떻게 보살의 행을 배우며 어떻게 일체 지혜를 얻는지를 알지 못합니다. 바라옵건대 자비하신 마음으로 저를 위하여 말씀하여 주십시오."

개부일체수화주야신 선지식에게는 보살행을 배우는 것
과 아울러 일체 지혜를 얻는 것에 대해서 질문하였다. 실은
보살행과 일체 지혜는 분리될 수 없는 것이다. 모든 이치를
다 아는 일체 지혜가 있어야 진정한 보살행이 실행되고, 보
살행을 한다는 것은 곧 일체 지혜가 있다는 뜻이기 때문이
다. 보살행은 다시 말하면 자비행으로서 자비와 지혜는 분
리될 수 없다. 그래서 불교를 지혜와 자비의 종교라고 한다.

2) 개부일체수화주야신이 법을 설하다

(1) 중생을 안락하게 하는 행

야신   언   선 남 자   아 어 차 사 바 세 계   일
夜神이 **言**하사대 **善男子**야 **我於此娑婆世界**에 **日**

광 이 몰   연 화 복 합   제 인 중 등   파 유 관 시
光已沒하고 **蓮華覆合**하야 **諸人衆等**이 **罷遊觀時**에

견 기 일 체 약 산 약 수   약 성 약 야   여 시 등 처   종
見其一切若山若水와 **若城若野**인 **如是等處**의 **種**

종 중 생　　함 실 발 심　　　욕 환 소 주　　　아 개 밀 호
種衆生이 **咸悉發心**하야 **欲還所住**하고 **我皆密護**하야

영 득 정 도　　　달 기 처 소　　　숙 야 안 락
令得正道하며 **達其處所**하야 **宿夜安樂**케호라

　　주야신이 말하였습니다. "선남자여, 저는 이 사바세계에서 해가 지고 연꽃이 오므라들어 사람들이 놀며 구경하던 일을 마칠 적에, 여러 산이나 물이나 성이나 벌판 등지에 있던 여러 중생들이 모두 마음을 내어 그들이 있던 데로 돌아가려는 것을 보면 제가 가만히 보호하여 바른 길을 찾게 하며 그 처소에 가서 밤을 편안히 지내게 합니다."

　　개부일체수화주야신이 스스로 하는 일을 밝혔는데 첫째 모든 중생들이 어두운 밤에 오고 가는 데 어려움이 없도록 잘 보살피고 각자의 처소에 돌아가서 편안하고 안락한 밤을 보내도록 하는 것이다.

(2) 중생을 이익하게 하는 행

선남자야 약유중생이 성년호색하야 교만방일
善男子야 若有衆生이 盛年好色하야 憍慢放逸

오욕자자 아위시현노병사상 영생공
하야 五欲自恣하면 我爲示現老病死相하야 令生恐

포 사리제악
怖하야 捨離諸惡하고

"선남자여, 만약 어떤 중생이 한창 나이에 혈기가 충
만하여 이성을 좋아하고 교만하고 방탕하여 다섯 가지
욕락을 마음껏 하거든, 저는 그에게 늙고 병들어 죽는
일을 보여 두려운 생각을 내고 나쁜 짓을 버리게 합니다."

먼저 중생들을 안락하게 하고, 다음으로 중생들을 이익
하게 하는 것이 개부일체수화주야신 선지식의 법이다. 사람
으로서 한창 나이에 혈기가 충만하여 이성을 좋아하고 교만
하고 방탕하여 오근五根으로 욕락을 마음껏 누리는 것이 결
코 인생을 현명하게 사는 것이 아니다. 누구에게나 늙고 병
들고 죽는 일이 찾아온다. 이 일에는 예고도 없다. 설사 예
고가 있어도 미련한 중생들은 전혀 모른다. 생각하면 두렵

기 그지없는 일이다. 결코 나쁜 일을 해서는 안 된다.

부위 칭탄 종종선근　　사기수습　　위간린
復爲稱歎種種善根하야 使其修習하며 爲慳悋

자　찬탄보시　위파계자　칭양정계　유
者하야 讚歎布施하며 爲破戒者하야 稱揚淨戒하며 有

진에자　교주대자
瞋恚者면 敎住大慈하며

"다시 가지가지 착한 뿌리를 칭찬하여 닦아 익히게
하는데 인색한 이에게는 보시를 찬탄하고, 파계한 이에
게는 청정한 계율을 칭찬하고, 화를 잘 내는 이에게는
큰 자비를 가르쳐 머물게 합니다."

사람이 늙고 병들고 죽게 되면 누구나 다음 생으로 환생
還生을 하게 되는데 이 생에서 쌓아 놓은 것은 그 어떤 것도
가져가지 못한다. 다만 이 생에서 지어 놓은 업력業力만 따라
갈 뿐이다. 그것을 옛 조사는 "만반장불거萬般將不去요 유유
업수신唯有業隨身이라"라고 하였다. 그러므로 개부일체수화

주야신 선지식은 가지가지 선근을 칭찬하여 닦아 익히도록 가르친 것이다.

회뇌해자 영행인욕 약해태자 영기정
懷惱害者면 **令行忍辱**하며 **若懈怠者**면 **令起精**

진 약산란자 영수선정 주악혜자 영학
進하며 **若散亂者**면 **令修禪定**하며 **住惡慧者**면 **令學**

반야 낙소승자 영주대승
般若하며 **樂小乘者**면 **令住大乘**하며

"괴롭히고 해치려는 이에게는 인욕을 행하게 하고, 게으른 이에게는 정진하게 하고, 산란한 이에게는 선정을 닦게 하고, 나쁜 꾀를 가진 이에게는 반야를 배우게 하고, 소승小乘을 좋아하는 이에게는 대승大乘에 머물게 합니다."

세상에서 정직하고 선량한 사람 또는 선비나 군자를 불교에서는 보살이라 한다. 이 보살로서 세상을 살아가는 데 반드시 실천해야 할 덕목을 불교에서는 육바라밀이라 한다.

이 육바라밀은 사람 사람들이 본래로 마음속에 모두 지니고 있는데 그것을 드러내어 실천하도록 하는 것이다.

낙 착 삼 계 제 취 중 자　　영 주 보 살 원 바 라 밀
樂着三界諸趣中者면 **令住菩薩願波羅蜜**하며

약 유 중 생　　복 지 미 열　　위 제 결 업 지 소 핍 박
若有衆生이 **福智微劣**하야 **爲諸結業之所逼迫**하야

다 유 애 자　　영 주 보 살 역 바 라 밀
多留礙者면 **令住菩薩力波羅蜜**하며

"세 세계의 여러 길을 좋아하는 이에게는 보살의 서원바라밀다에 머물게 하고, 만일 중생이 복과 지혜가 미약하여 여러 가지 번뇌와 업의 핍박으로 장애가 많은 이에게는 보살의 힘바라밀다에 머물게 합니다."

약 유 중 생　　기 심 암 매　　무 유 지 혜　　영 주 보
若有衆生이 **其心暗昧**하야 **無有智慧**면 **令住菩**

살 지 바 라 밀　　선 남 자　　아 이 성 취 보 살 출 생 광
薩智波羅蜜케호니 **善男子**야 **我已成就菩薩出生廣**

대 희 광 명 해 탈 문
大喜光明解脫門호라

"만일 중생이 마음이 어두워 지혜가 없으면 보살의 지혜바라밀다에 머물게 합니다. 선남자여, 저는 이미 보살의 큰 기쁨을 내는 광명의 해탈문을 성취하였습니다."

보살행의 근본 덕목으로 육바라밀을 말한다. 그러나 화엄경에서는 십바라밀을 강조한다. 다시 더하여 사무량심四無量心과 사섭법四攝法까지 행하기를 가르친다.

(3) 해탈문의 작용을 밝히다

1〉 해탈문의 작용의 까닭을 밝히다

선 재   언   대 성   차 해 탈 문   경 계 운 하
善財가 **言**호대 **大聖**하 **此解脫門**이 **境界云何**니잇고

선재동자가 말하였습니다. "거룩하신 이여, 이 해탈문은 경계가 어떠합니까?"

야 신 언 　 선 남 자 　 입 차 해 탈 　 능 지 여 래
夜神이 **言**하사대 **善男子**야 **入此解脫**에 **能知如來**

보 섭 중 생 교 방 편 지
普攝衆生巧方便智니

주야신이 말하였습니다. "선남자여, 이 해탈에 들어가면 능히 여래께서 중생들을 두루 거두어 주는 교묘한 방편 지혜를 압니다."

선지식들이 얻은 법을 해탈문이라 하는데 선재동자는 법을 물을 때 반드시 그 해탈문의 경계가 어떠한가를 질문하고, 이어서 그 해탈문을 언제 얻었는가를 질문한다. 먼저 그 경계는 '능히 여래께서 중생들을 두루 거두어 주는 교묘한 방편 지혜를 아는 것'이라고 밝혔다. 아래에는 여래께서 어떻게 중생들을 두루 거두어 주는가에 대해서 낱낱이 밝힌다.

운 하 보 섭 　 선 남 자 　 일 체 중 생 　 소 수 제 락
云何普攝고 **善男子**야 **一切衆生**의 **所受諸樂**이

개 시 여 래 위 덕 력 고　　순 여 래 교 고　　행 여 래 어 고
皆是如來威德力故며 順如來教故며 行如來語故

　 학 여 래 행 고　　득 여 래 소 호 력 고
며 學如來行故며 得如來所護力故며

"어떤 것이 두루 거두어 주는 것인가 하면, 선남자
여, 모든 중생이 받는 여러 가지 낙樂은 모두 여래의 위
덕威德의 힘인 연고며, 여래의 가르침을 순종하는 연고
며, 여래의 말씀을 실행하는 연고며, 여래의 행을 배우
는 연고며, 여래의 보호하는 힘을 얻은 연고입니다."

　　수 여 래 소 인 도 고　　종 여 래 소 행 선 고　　의 여 래
修如來所印道故며 種如來所行善故며 依如來

소 설 법 고　　여 래 지 혜 일 광 지 소 조 고　　여 래 성 정
所說法故며 如來智慧日光之所照故며 如來性淨

업 력 지 소 섭 고
業力之所攝故니라

"여래의 인가하는 도道를 닦는 연고며, 여래의 행하
던 착한 일을 심는 연고며, 여래의 말씀한 법을 의지하
는 연고며, 여래의 지혜의 햇빛으로 비추는 연고며, 여

래의 성품이 청정한 업의 힘으로 거두어 주는 연고입
니다."

운하지연   선남자   아입차출생광대희광
云何知然고 善男子야 我入此出生廣大喜光

명해탈   억념비로자나여래응정등각   왕석소
明解脫에 憶念毘盧遮那如來應正等覺의 往昔所

수보살행해   실개명견
修菩薩行海하야 悉皆明見하니라

"어떻게 그런 줄을 아는가 하면, 선남자여, 제가 이
큰 기쁨을 내는 광명의 해탈에 들어가서 비로자나 여래
응공 정등각께서 과거에 닦으시던 보살의 수행 바다를
기억하여 모두 다 분명하게 보았습니다."

개부일체수화주야신 선지식이 얻은 해탈문의 경계는 '능
히 여래께서 중생들을 두루 거두어 주는 교묘한 방편 지혜를
아는 것'이라 하고, 설명하기를 '모든 중생이 받는 여러 가지
낙樂은 모두 여래의 위덕威德의 힘인 연고며, 여래의 가르침을

순종하는 연고며, 여래의 말씀을 실행하는 연고 등'이라고
하였다. 그렇다면 여래란 무엇인가. 진리 그 자체이며, 중생
이며, 중생의 마음이며, 진리를 구체적으로 체현한 인격적 부
처님까지를 다 포함하고 있다. 화엄경을 푸는 제일 열쇠는
언제나 '마음과 부처님과 중생은 차별이 없는 동일한 하나
[心佛及衆生 是三無差別]'이기 때문이다.

2〉해탈문의 작용을 널리 나타내다

〈1〉발심을 설하다

선 남 자　　세 존　　왕 석 위 보 살 시　　견 일 체 중 생
善男子야 **世尊**이 **往昔爲菩薩時**에 **見一切衆生**이

착 아 아 소　　주 무 명 암 실　　입 제 견 조 림　　　　위
着我我所하야 **住無明暗室**하며 **入諸見稠林**하야　**爲**

탐 애 소 박　　분 노 소 괴　　우 치 소 란　　간 질 소 전
貪愛所縛과 **忿怒所壞**와 **愚癡所亂**과 **慳嫉所纏**하야

생 사 윤 회　　빈 궁 곤 고　　부 득 치 우 제 불 보 살
生死輪廻하며 **貧窮困苦**하야 **不得値遇諸佛菩薩**

하시니라

"선남자여, 세존께서 옛적에 보살로 계실 때에 일체 중생들이 '나'와 '나의 것'에 집착하여 무명無明의 어두운 방에 머물며, 여러 가지 소견의 숲속에 들어가서 탐애에 얽매이고, 성내는 데 깨어지고, 어리석은 데 어지럽혀지고, 미워하는 데 얽히어서, 나고 죽는 데 윤회하고, 빈궁한 데서 피곤하고 괴로워서 모든 부처님이나 보살들을 만나지 못하는 것을 보시었습니다."

이제 개부일체수화주야신 선지식이 얻은 해탈문의 작용을 널리 나타내어 설한다. 먼저 세존의 옛 이야기를 들어서 이야기한다. 세존께서 옛적에 보살로 계실 때에 일체 중생이 '나'와 '나의 것'에 집착하여 무명의 어두운 방에 머물며, 여러 가지 소견의 숲속에 들어가서 탐애에 얽매인 것 등을 보고는 가지가지 수승한 마음을 일으킨 것을 밝혔다.

견 여 시 이　　기 대 비 심　　이 익 중 생　　소 위
見如是已에 起大悲心하야 利益衆生하시니 所謂

26
대방광불화엄경 강설

기원득일체묘보자구　　섭중생심　　원일체중
起願得一切妙寶資具하야 攝衆生心과 願一切衆

생　개실구족자생지물　　무소핍심
生이 皆悉具足資生之物하야 無所乏心과

"이와 같은 것을 보시고는 크게 가엾이 여기는 마음
을 내어 중생을 이익하게 하였으니, 이른바 모든 보배
로 된 생활도구를 얻어 중생들을 거두어 주기를 원하는
마음과, 모든 중생들이 생활에 필요한 물품을 구족하여
모자람이 없게 하려는 마음을 내었습니다."

세존께서 옛적에 보살로 계실 때에 일체 중생들이 '나'와
'나의 것'에 집착하여 무명의 어두운 방에 머물며, 여러 가지
소견의 숲속에 들어가서 탐애하고, 성내고, 어리석고, 남을
미워하여, 생사에 윤회하고, 빈궁한 데서 피곤하고 괴로워
서 부처님이나 보살들을 만나지 못하게 된 것을 보고는 크
게 불쌍한 마음을 내어 중생들을 여러 가지로 이익하게 하
였음을 밝혔다.

대체로 중생들은 무지몽매하다. 그러므로 성인들이 세상
에 출현하여 그 무지몽매한 중생을 가르쳐서 이만큼이라도

살게 되는 것이다. 그런데 성인들의 가르침을 만나지 못한 이들은 예나 지금이나 늘 한결같다.

어일체중사   이집착심   어일체경계   무탐
於一切衆事에 離執着心과 於一切境界에 無貪

염심   어일체소유   무간린심   어일체과보
染心과 於一切所有에 無慳恪心과 於一切果報에

무희망심   어일체영호   무선모심   어일체인
無希望心과 於一切榮好에 無羨慕心과 於一切因

연   무미혹심
緣에 無迷惑心하며

"일체 여러 가지 일에 집착을 여의게 하려는 마음과, 모든 경계에 물들고 탐내지 않으려는 마음과, 모든 것을 아끼지 않으려는 마음과, 모든 과보에 희망하지 않으려는 마음과, 모든 영화에 부러워하지 않으려는 마음과, 모든 인연에 미혹하지 않으려는 마음을 내었습니다."

기관찰진실법성심　　기구호일체중생심
起觀察眞實法性心하며 起救護一切衆生心하며

기심입일체법선복심　　기어일체중생　　주평
起深入一切法漩澓心하며 起於一切衆生에 住平

등대자심
等大慈心하며

"진실한 법의 성품을 관찰하려는 마음을 내고, 모든
중생을 구호하려는 마음을 내고, 모든 법의 소용돌이에
깊이 들어가려는 마음을 내고, 모든 중생에 대하여 평등
한 데 머물려는 크게 인자한 마음을 내었습니다."

기어일체중생　　행방편대비심　　기위대법
起於一切衆生에 行方便大悲心하며 起爲大法

개　　보부중생심　　기이대지금강저　　파일
蓋하야 普覆衆生心하며 起以大智金剛杵로 破一

체중생번뇌장산심　　기영일체중생　　증장
切衆生煩惱障山心하며 起令一切衆生으로 增長

희락심
喜樂心하며

"모든 중생에게 방편을 행하려는 크게 가엾이 여기는 마음을 내고, 큰 법의 일산日傘이 되어 중생을 두루 덮으려는 마음을 내고, 큰 지혜의 금강저金剛杵로 모든 중생의 번뇌의 산을 깨뜨리려는 마음을 내고, 모든 중생의 기쁨을 증장하게 하려는 마음을 내었습니다."

기원일체중생　구경안락심　기수중생소
起願一切衆生이 究竟安樂心하며 起隨衆生所

욕　우일체재보심　기이평등방편　성숙
欲하야 雨一切財寶心하며 起以平等方便으로 成熟

일체중생심　기영일체중생　만족성재심
一切衆生心하며 起令一切衆生으로 滿足聖財心

기원일체중생　구경개득십력지과심
하며 起願一切衆生의 究竟皆得十力智果心이니라

"모든 중생을 끝까지 안락하게 하려는 마음을 내고, 중생의 욕망을 따라 모든 보배를 비 내리려는 마음을 내고, 평등한 방편으로 모든 중생을 성숙하게 하려는 마음을 내고, 모든 중생으로 하여금 성스러운 재물을 만족하게 하려는 마음을 내고, 모든 중생들이 구경에 모두 열 가지 힘의 지혜 열매를 얻게 하려는 마음을 내었습니다."

　성인들이 무지몽매한 중생들을 위하여 일으킬 수 있는 수승한 마음을 빠짐없이 밝혔다. 이와 같은 마음이 곧 부처님의 마음이요 보살의 마음이다. 우리가 이 화엄경을 공부하는 것도 이와 같이 중생들을 위하는 마음을 일으키기 위함이다. 그래서 모든 중생들이 구경에 모두 열 가지 힘의 지혜 열매를 얻게 하려는 마음을 내게 되었다고 하였다.

　열 가지 힘의 지혜 열매란 부처님의 능력을 표현할 때 자주 등장하는 십력+力을 말한다. 다시 복습하면, 열 가지 힘 즉 십력은 범어로는 Daśa-balaḥ이다. 부처님께만 있는 열 가지 심력心力으로서 ① 중생의 옳은 곳과 그른 곳을 아는 지혜의 힘[처비처지력處非處智力] ② 과거 미래 현재에 업으로 받는 과보를 아는 지혜의 힘[업이숙지력業異熟智力] ③ 모든 선정과 해탈과 삼매와 때 묻고 깨끗함이 일어나는 때와 때 아님을 아는 지혜의 힘[정려해탈등지등지지력靜慮解脫等持等至智力] ④ 모든 근성이 영리하고 둔함을 아는 지혜의 힘[근상하지력根上下智力] ⑤ 가지가지

이해를 아는 지혜의 힘[종종승해지력種種勝解智力] ⑥ 갖가지 경계를
아는 지혜의 힘[종종계지력種種界智力] ⑦ 온갖 곳에 이르러 갈 길
을 아는 지혜의 힘[변취행지력遍趣行智力] ⑧ 일체 세계에서 지난 세
상에 머물던 일을 기억함에 따라 아는 지혜의 힘[숙주수념지력宿
住隨念智力] ⑨ 죽은 뒤에 어디에 태어나는가를 아는 지혜의 힘
[사생지력死生智力] ⑩ 누진통의 지혜의 힘[누진지력漏盡智力]이다.

〈2〉 중생을 이익하게 하는 행을 일으킴을 설하다

　　기 여 시 심 이　　　득 보 살 력　　　현 대 신 변　　　변
　　起如是心已에　得菩薩力하사　現大神變하야　徧

법 계 허 공 계　　　어 일 체 중 생 전　　　보 우 일 체 자 생
法界虛空界하사　於一切衆生前에　普雨一切資生

지 물　　　수 기 소 욕　　　실 만 기 의　　　개 령 환 희
之物하사　隨其所欲하야　悉滿其意하야　皆令歡喜하사

불 회 불 린　　　무 간 무 단
不悔不悋하며　無間無斷하시니

　　"이와 같은 마음을 내고는 보살의 힘을 얻고 큰 신
통변화를 나타내며, 법계와 허공계에 두루 하여 모든

중생들의 앞에서 생활에 필요한 모든 물품을 비처럼 내려 그들의 욕망대로 뜻에 만족하여 모두 다 환희케 하며, 후회하지도 않고 인색하지도 아니하여 사이도 없고 끊어짐도 없었습니다."

중생들을 위하는 수승한 마음을 일으키고는 다시 구체적으로 중생들을 이익하게 하는 행을 밝혔다. 중생들에게는 무엇보다 먼저 일상생활에 필요한 물품을 넉넉하게 베푸는 일이 중요함을 설하였다.

이 시 방 편 　　보 섭 중 생 　　교 화 성 숙 　　개 령
以是方便으로 普攝衆生하야 教化成熟하사 皆令

득 출 생 사 고 난 　　불 구 기 보 　　　정 치 일 체 중 생
得出生死苦難하고 不求其報하며 淨治一切衆生

심 보 　　영 기 생 기 일 체 제 불 동 일 선 근 　　증 일
心寶하야 令其生起一切諸佛同一善根하야 增一

체 지 복 덕 대 해
切智福德大海니라

"이러한 방편으로 중생을 두루 거두어 교화하고 성숙하게 하여 모두 생사의 고통에서 벗어나게 하면서도 그 갚음을 바라지 아니하며, 여러 중생의 마음 보배를 청정하게 다스려서 그들로 하여금 일체 모든 부처님과 같은 착한 뿌리를 일으켜서 일체 지혜와 복덕의 큰 바다를 증장하게 하였습니다."

중생들에게 먼저 일상생활에 필요한 물품을 넉넉하게 베풀고 나서는 그것을 방편으로 삼아 널리 가르치고 성숙시킨다. 나아가서는 생사의 고통에서 벗어나게도 한다. 또한 마음의 이치를 잘 다스려서 모든 부처님과 같은 선근을 일으켜서 일체 지혜와 복덕의 큰 바다를 증장하게 한다. 이것이 모든 보살들이 하는 일이고, 모든 불자들이 하는 일이고, 좀 더 사람다운 사람이 하는 일이다. 어찌 세존께서 옛적 보살로 계실 적에만 한 일이겠는가.

보살 여시염념성숙일체중생 염념엄정
菩薩이 如是念念成熟一切衆生하며 念念嚴淨

일체불찰 염념보입일체법계 염념개실
一切佛刹하며 念念普入一切法界하며 念念皆悉

변허공계
徧虛空界하며

"보살이 이와 같이 잠깐잠깐 동안에 모든 중생을 성
숙하게 하며, 잠깐잠깐 동안에 모든 부처님 세계를 깨끗
이 장엄하며, 잠깐잠깐 동안에 모든 법계에 두루 들어
가며, 잠깐잠깐 동안에 허공계에 두루 가득하였습니다."

불교가 하는 일은 한마디로 성숙중생成熟衆生과 엄정국토
嚴淨國土라고 할 수 있다. 한 사람 한 사람의 인격을 완성시키
고, 나아가서 온 사회와 국가와 전 세계 사람들을 정직하고
선량하게 하여 아름다운 세상으로 만드는 일이다.

염념보입일체삼세 염념성취조복일체제
念念普入一切三世하며 念念成就調伏一切諸

중생지 염념항전일체법륜 염념항이일
衆生智하며 念念恒轉一切法輪하며 念念恒以一

체 지 도　　이 익 중 생
切智道로 **利益衆生**하며

"잠깐잠깐 동안에 모든 세 세상에 두루 들어가며, 잠깐잠깐 동안에 일체 모든 중생의 지혜를 성취하고 조복하며, 잠깐잠깐 동안에 온갖 법륜을 항상 굴리며, 잠깐잠깐 동안에 항상 일체 지혜의 도道로써 중생을 이익하게 하였습니다."

염 념 보 어 일 체 세 계 종 종 차 별 제 중 생 전　　진
念念普於一切世界種種差別諸衆生前에 **盡**

미 래 겁　　　현 일 체 불 성 등 정 각　　염 념 보 어 일
未來劫토록 **現一切佛成等正覺**하며 **念念普於一**

체 세 계 일 체 제 겁　　수 보 살 행　　불 생 이 상
切世界一切諸劫에 **修菩薩行**호대 **不生二想**하시니

"잠깐잠깐 동안에 널리 모든 세계의 갖가지로 차별한 중생의 앞에서 오는 세월이 끝나도록 모든 부처님의 등정각 이루심을 나타내며, 잠깐잠깐 동안에 널리 모든 세계의 일체 모든 겁에서 보살의 행을 닦아 두 생각을 내지 아니합니다."

보살이 상구보리上求菩提하고 하화중생下化衆生하는 일은
어느 한순간에만 행해지는 일이 아니다. 한순간에서부터 세
계가 끝나고 중생계가 끝날 때까지 영원히 계속되어야 하는
일이다.

소위 보입 일 체 광 대 세 계 해　　일 체 세 계 종 중
所謂普入一切廣大世界海의 **一切世界種中**에

종 종 제 반 제 세 계　　종 종 장 엄 제 세 계　　종 종 체
種種際畔諸世界와 **種種莊嚴諸世界**와 **種種體**

성 제 세 계　　종 종 형 상 제 세 계　　종 종 분 포 제 세
性諸世界와 **種種形狀諸世界**와 **種種分布諸世**

계
界니라

"이른바 모든 광대한 세계해의 모든 세계종 가운데
있는 갖가지 경계가 된 모든 세계와, 갖가지로 장엄한
세계와, 갖가지의 자체 성품으로 된 세계와, 갖가지의
형상으로 된 세계와, 갖가지로 널려 있는 모든 세계에
들어가는 것입니다."

혹유세계예이겸정　　혹유세계정이겸예　　혹
或有世界穢而兼淨_과 或有世界淨而兼穢_와 或

유세계일향잡예　　혹유세계일향청정　　혹소혹
有世界一向雜穢_와 或有世界一向淸淨_과 或小或

대　　혹추혹세　　혹정혹측　　혹복혹앙
大_와 或麤或細_와 或正或側_과 或覆或仰_한

"혹 어떤 세계는 더러우면서 깨끗함을 겸하였고, 혹
어떤 세계는 깨끗하면서 더러움을 겸하였고, 혹 어떤
세계는 한결같이 더럽기만 하고, 혹 어떤 세계는 한결
같이 깨끗하기만 하며, 혹은 작기도 하고, 혹은 크기도
하고, 혹은 굵기도 하고, 혹은 가늘기도 하며, 혹은 바
르고, 혹은 기울고, 혹은 엎어지고, 혹은 잦혀졌습니다."

여시일체제세계중　　염념수행제보살행
如是一切諸世界中_{하사} 念念修行諸菩薩行_{하사}

입보살위　　현보살력　　역현삼세일체불신
入菩薩位_{하고} 現菩薩力_{하며} 亦現三世一切佛身_{하사}

수중생심　　보사지견
隨衆生心_{하야} 普使知見_{케하시니라}

"이와 같은 여러 가지 세계 중에서 잠깐잠깐 동안에 모든 보살들의 행을 닦고, 보살의 지위에 들어가고, 보살의 힘을 나타내며, 또한 세 세상 모든 부처님의 몸을 나타내고, 중생의 마음을 따라 모두 알고 보게 합니다."

세존께서 과거 보살로 계실 때의 일을 계속하여 밝히고 있다. 세계는 넓고 세월은 길다. 세계가 어떻게 생겼든 그 넓고 긴 세월에 중생을 교화하고 성숙하게 하려는 보살의 행은 끝이 없이 펼쳐진다. 이 모두가 중생을 이익하게 하는 행을 일으키게 된 것을 밝힌 내용이다.

선 남 자 　　비 로 자 나 여 래 　　어 과 거 세 　　여 시 수
善男子야 毘盧遮那如來가 於過去世에 如是修

행 보 살 행 시 　　견 제 중 생 　　불 수 공 덕 　　무 유 지
行菩薩行時에 見諸衆生이 不修功德하야 無有智

혜
慧하며

"선남자여, 비로자나 여래께서 지나간 옛날 이와 같

이 보살의 행을 닦을 적에 모든 중생들이 공덕을 닦지 않고서 지혜가 없으며,

착아아소　　무명예장　　부정사유　　입제
着我我所하야 無明翳障하며 不正思惟하야 入諸

사견　　불식인과　　순번뇌업　　타어생사험
邪見하며 不識因果하야 順煩惱業하며 墮於生死險

난심갱　　구수종종무량제고　　기대비심
難深坑하야 具受種種無量諸苦하시고 起大悲心하사

구수일체바라밀행
具修一切波羅蜜行하사

나와 나의 것에 집착하여 무명에 가렸으며, 바르게 생각하지 않고 온갖 삿된 소견에 들어가며, 원인과 결과를 알지 못하여 번뇌의 업을 따르며, 생사의 험악한 구렁에 빠져서 갖가지 한량없는 괴로움 받는 것을 보고는 크게 가엾이 여기는 마음을 내어 온갖 바라밀다행을 갖추어 닦았습니다."

보살이 대자대비를 갖춘 진정한 보살이 된 것은 모두가

중생들이 어리석어서 공덕을 닦지 않고, 나와 나의 것에 집착하고 무명에 가려서 바르게 생각하지 않고 온갖 삿된 소견에 들어가며, 원인과 결과의 법칙을 알지 못하고 온갖 악을 짓는 것을 보고 불쌍히 여기는 마음을 내었기 때문이다. 모든 중생들이 처음부터 정직하고 선량하게 잘 산다면 보살은 보살행을 행할 일이 없었을 것이다.

위 제 중생   칭 양 찬 탄 견 고 선 근   영 기 안
爲諸衆生하야 稱揚讚歎堅固善根하사 令其安

주   원 리 생 사 빈 궁 지 고   근 수 복 지 조 도 지 법
住하야 遠離生死貧窮之苦하고 勤修福智助道之法
케하며

"모든 중생을 위하여 견고하고 착한 뿌리를 일컬어 찬탄하며, 그들로 하여금 편안히 머물러 생사와 빈궁한 고통을 멀리 여의고 복덕과 지혜와 도를 돕는 법을 부지런히 닦게 하였습니다."

위 설 종 종 제 인 과 문　　위 설 업 보 불 상 위 반
爲說種種諸因果門하며 爲說業報不相違反하며

위 설 어 법 증 입 지 처　　위 설 일 체 중 생 욕 해
爲說於法證入之處하며 爲說一切衆生欲解하며

급 설 일 체 수 생 국 토　　영 기 부 단 일 체 불 종
及說一切受生國土하사 令其不斷一切佛種하고

영 기 수 호 일 체 불 교　　영 기 사 리 일 체 제 악
令其守護一切佛教하고 令其捨離一切諸惡하며

"갖가지 모든 인과因果의 문을 말하며, 업과 과보가
서로 위반하지 않음을 말하며, 법을 증득하여 들어갈
곳을 말하며, 모든 중생의 욕망과 이해함을 말하며, 여
러 가지로 태어날 국토를 말하며, 그들로 하여금 모든
부처님의 종자를 끊지 않게 하며, 그들로 하여금 모든
부처님의 가르침을 수호하게 하며, 그들로 하여금 모든
나쁜 짓을 버리게 하였습니다."

많은 설법 가운데 "갖가지 모든 인과因果의 문을 말하며,
업과 과보가 서로 위반하지 않음을 말한다."는 것을 마음에
깊이 새겨야 할 것이다. 수많은 불교의 교법 중에 이 인과의

법칙은 무엇보다 중요한 가르침이다. 예나 지금이나 사람들이 온갖 악을 지어 세상이 이처럼 험악하게 된 것은 모두가 인과의 법칙을 모르기 때문이고, 혹 들어서 알고 있더라도 믿지 않고 실천하지 않기 때문이다.

우위 칭찬 취일체지조도지법 영제중생
又爲稱讚趣一切智助道之法하사 令諸衆生으로

심생환희 영행법시 보섭일체 영기발
心生歡喜하며 令行法施하야 普攝一切하며 令其發

기일체지행 영기수학제대보살바라밀도
起一切智行하며 令其修學諸大菩薩波羅蜜道하며

"또 일체 지혜에 나아가는 도를 돕는 법을 칭찬하여 모든 중생들로 하여금 환희한 마음을 내게 하며, 법보시를 행하여 모든 이들을 두루 거두어 주게 하며, 그들로 하여금 일체 지혜의 행을 일으키게 하며, 그들로 하여금 모든 큰 보살의 바라밀다의 도를 닦아 배우게 하였습니다."

영기 증장 성 일 체 지 제 선 근 해 　영 기 만 족 일
令其增長成一切智諸善根海하며 **令其滿足一**

체 성 재 　영 기 득 입 불 자 재 문 　영 기 섭 취 무
切聖財하며 **令其得入佛自在門**하며 **令其攝取無**

량 방 편 　영 기 관 견 여 래 위 덕 　영 기 안 주 보
量方便하며 **令其觀見如來威德**하며 **令其安住菩**

살 지 혜
薩智慧케하시니라

"그들로 하여금 일체 지혜를 이루는 모든 착한 뿌리
바다를 증장하게 하며, 모든 거룩한 재물을 만족하게
하며, 부처님의 자유자재한 문에 들어가게 하며, 한량
없는 방편을 거두어 가지게 하며, 여래의 위엄과 공덕
을 살펴보게 하며, 보살의 지혜에 편안히 머물게 하였
습니다."

"법보시法布施를 행하여 모든 이들을 두루 거두어 주게 하
며, 그들로 하여금 일체 지혜의 행을 일으키게 한다."라고 하
였다. 불교가 자랑하는 진리를 깨달은 깨달음의 지혜를 모
든 사람에게 전하여 진리 속으로 모든 이들을 거두어들일 수
있게 하는 일은 법보시뿐이다. 법보시는 법공양이라고도 한

다. 널리 법을 공양하여 세상을 가르치고 깨우치는 일이 불교가 하는 일이다. 위와 같은 내용들이 곧 개부일체수화주야신이 얻은 해탈의 경계이다.

(4) 법의 근본이 깊고 깊음을 설하다

1〉 깊어서 알기 어려움을 찬탄하다

善財童子가 言호대 聖者여 發阿耨多羅三藐三菩提心이 其已久如니잇고

선재동자가 말하였습니다. "거룩하신 이여, 아뇩다라삼먁삼보리심을 내신 지는 얼마나 오래되었습니까?"

夜神이 言하사대 善男子야 此處가 難信이며 難知며 難解며 難入이며 難說이라 一切世間과 及以二乘은

개 불 능 지
皆不能知요

주야신이 대답하였습니다. "선남자여, 이것은 믿기 어렵고, 알기 어렵고, 이해하기 어렵고, 들어가기 어렵고, 말하기 어려워서 모든 세간에서나 이승二乘들도 다 알 수 없습니다."

보리심을 발한다는 것은 모든 시간을 초월하고 모든 공간을 초월한 경지이다. 그래서 시간과 공간의 관념에 매여 있는 세상 사람이나 이승들로서는 믿기 어렵고 알기 어렵다. 다만 시간과 공간의 관념을 초월한 사람이라야 능히 알 수 있는 경지이다.

유 제 제 불 신 력 소 호   선 우 소 섭   집 승 공 덕
唯除諸佛神力所護와 **善友所攝**으로 **集勝功德**

욕 락 청 정   무 하 열 심   무 잡 염 심   무 첨
하야 **欲樂淸淨**하야 **無下劣心**하며 **無雜染心**하며 **無諂**

곡 심
曲心하며

"오직 모든 부처님들의 신통한 힘으로 보호하시고 선지식이 거두어 주어 수승한 공덕을 모아서 욕망과 좋아함이 청정하여져서 용렬한 마음이 없고 물든 마음이 없고 왜곡한 마음이 없으며,

득보조요지광명심　　발보요익제중생심
得普照耀智光明心하며 發普饒益諸衆生心과

일체번뇌급이중마무능괴심　　기필성취일체
一切煩惱及以衆魔無能壞心하며 起必成就一切

지심　　불락일체생사낙심
智心과 不樂一切生死樂心하며

널리 비추는 지혜 광명의 마음을 얻고, 모든 중생들을 두루 요익하게 하려는 마음과 모든 번뇌와 여러 마魔가 깨뜨릴 수 없는 마음을 내고, 일체 지혜를 반드시 성취하려는 마음과 모든 생사의 낙樂을 좋아하지 않는 마음을 일으키며,

능구일체제불묘락　　능멸일체중생고뇌
能求一切諸佛妙樂하며 能滅一切衆生苦惱하며

능수일체불공덕해　　능관일체제법실성
能修一切佛功德海하며 能觀一切諸法實性하며

능구일체청정신해
能具一切淸淨信解하며

　일체 모든 부처님의 묘한 낙을 능히 구하고, 일체 중
생의 괴로움을 능히 멸하고, 모든 부처님의 공덕 바다
를 능히 닦고, 일체 모든 법의 참된 성품을 능히 관찰하
고, 모든 청정한 믿음과 이해를 능히 갖추고,

능초일체생사폭류　　능입일체여래지해
能超一切生死瀑流하며 能入一切如來智海하며

능결정도무상법성　　능용맹입여래경계
能決定到無上法城하며 能勇猛入如來境界하며

능속질취제불지위
能速疾趣諸佛地位하며

　모든 생사의 흐름을 능히 초월하며, 모든 여래의 지
혜 바다에 능히 들어가며, 능히 위없는 법의 성城에 결

정코 이르며, 여래의 경계에 능히 용맹하게 들어가며, 모든 부처님의 지위에 능히 빨리 나아가며,

능 즉 성 취 일 체 지 력　　능 어 십 력　　이 득 구 경
能卽成就一切智力하며 **能於十力**에 **已得究竟**한

여 시 지 인　　　어 차　　능 지 능 입 능 료
如是之人이라야 **於此**에 **能持能入能了**니라

일체 지혜의 힘을 능히 성취하며, 능히 열 가지 힘에 이미 구경究竟을 얻은 이와 같은 사람이라야 이것을 능히 지니며 능히 들어가며 능히 통달할 것입니다."

하 이 고　　차 시 여 래 지 혜 경 계　　일 체 보 살　　상
何以故오 **此是如來智慧境界**라 **一切菩薩**도 **尙**

불 능 지　　황 여 중 생
不能知어든 **況餘衆生**가

"왜냐하면 이것은 여래의 지혜 경계이므로 모든 보살들도 오히려 알지 못하거든 하물며 다른 중생이겠습니까."

선재동자는 개부일체수화주야신 선지식에게 보리심을
발한 지 얼마나 오래되었는가를 물었다. 그러자 선지식은
"이것은 믿기 어렵고, 알기 어렵고, 이해하기 어렵고, 들어가
기 어렵고, 말하기 어려워서 모든 세간에서나 이승들도 다
알 수 없다."고 하였다. 그러고는 그것을 알 수 있는 이들의
경계를 하나하나 열거하였다. 궁극에는 일체 지혜의 힘을 능
히 성취하며, 능히 열 가지 힘에 이미 구경究竟을 얻은 이와
같은 사람이라야 이것을 능히 지니며 능히 들어가며 능히 통
달할 것이라고 하였다.

연 아 금 자　　이 불 위 력　　욕 령 조 순 가 화 중 생
然我今者에 **以佛威力**으로 **欲令調順可化衆生**

의 속 청 정　　욕 령 수 습 선 근 중 생　　심 득 자
으로 **意速淸淨**하며 **欲令修習善根衆生**으로 **心得自**

재　　수 여 소 문　　위 여 선 설
在하야 **隨汝所問**하야 **爲汝宣說**호리라

"그러나 제가 이제 부처님의 위신력으로써 조화롭고
순수하여 교화할 만한 중생으로 하여금 뜻을 빨리 청정

하게 하며, 착한 뿌리를 닦은 중생으로 하여금 마음이 자유자재하게 하기 위하여 그대의 물음에 따라 그대를 위해 설할 것입니다."

개부일체수화주야신 선지식이 보리심을 발한 지는 지극히 오래고 오래여서 알기 어렵지만 교화할 만한 중생과 선근을 닦은 중생들을 위해서 선재동자의 질문에 따라서 설명하리라고 하였다. 아무리 법이 높고 뜻이 깊어도 그 법문을 들을 만한 사람에게는 설해 주어야 한다. 자칫 근기와 수준이 안 되는 사람에게 법을 설하여 법을 잃어버리게 되는 경우가 있지만 들을 만한 사람에게 법을 설하지 아니하면 사람을 잃어버리기 때문이다.

2) 게송을 설하여 거듭 밝히다

이 시　개 부 일 체 수 화 야 신　욕 중 명 기 의
爾時에 開敷一切樹華夜神이 欲重明其義하사

관 찰 삼 세 여 래 경 계　이 설 송 언
觀察三世如來境界하고 而說頌言하사대

그때에 개부일체수화주야신이 그 뜻을 거듭 밝히려고 세 세상 여래의 경계를 관찰하고 게송으로 설하였습니다.

불 자 여 소 문　　　　　심 심 불 경 계
佛子汝所問　　　　甚深佛境界어

난 사 찰 진 겁　　　　　설 지 불 가 진
難思刹塵劫에　　　　說之不可盡이로다

불자여, 그대가 물은
깊고 깊은 부처님 경계는
헤아릴 수 없는 오랜 겁 동안
말하여도 다할 수 없습니다.

비 시 탐 에 치　　　　　교 만 혹 소 부
非是貪恚癡와　　　　憍慢惑所覆한

여 시 중 생 등　　　　　능 지 불 묘 법
如是衆生等의　　　　能知佛妙法이여

탐욕과 성냄과 어리석음과

교만과 의혹에 가리어진

이와 같은 중생들이

알 수 있는 부처님의 묘한 법이 아니랍니다.

비 시 주 간 질
非是住慳嫉과

첨 광 제 탁 의
諂誑諸濁意하야

번 뇌 업 소 부
煩惱業所覆의

능 지 불 경 계
能知佛境界며

간탐과 질투와

아첨과 속이는 흐린 마음이나

번뇌와 업에 가리어진 이가

알 수 있는 부처님의 경계도 아니랍니다.

비 착 온 계 처
非着蘊界處하고

급 계 어 유 신
及計於有身하는

견 도 상 도 인
見倒想倒人의

능 지 불 소 각
能知佛所覺이로다

오온과 십이처와 십팔계에 집착하거나

몸이 있다고 헤아리는
소견이 뒤바뀐 이가
알 수 있는 부처님의 깨달음도 아니랍니다.

불 경 계 적 정　　　　　　성 정 이 분 별
佛境界寂靜하고　　　　　**性淨離分別**하니

비 착 제 유 자　　　　　　능 지 차 법 성
非着諸有者의　　　　　　**能知此法性**이로다

부처님의 경계는 적정하고
성품은 청정하여 분별을 여의었으니
있다고 집착하는 이로서는
이 법의 성품을 알 수 없습니다.

　개부일체수화주야신 선지식이 게송으로 먼저 부처님의
깊고 깊은 경계를 알 수 없는 이들에 대해서 설하였다. 위에
열거한 이들은 모두 알 수 없는 이들의 경계이고, 아래에는
알 수 있는 이들의 경계를 밝혔다.

생 어 제 불 가
生於諸佛家하야

위 불 소 수 호
爲佛所守護하야

지 불 법 장 자
持佛法藏者인

지 안 지 경 계
智眼之境界로다

부처님의 가문에 태어나서

부처님의 수호를 받으며

부처님의 법장法藏을 가지는 이만이

지혜의 눈으로 보는 경계입니다.

친 근 선 지 식
親近善知識하고

애 락 백 정 법
愛樂白淨法하야

근 구 제 불 력
勤求諸佛力하야사

문 차 법 환 희
聞此法歡喜로다

선지식을 가까이 모시고

희고 깨끗한 법을 좋아하며

부처님의 힘을 부지런히 구하는 이는

이 법문 듣고 기뻐할 것입니다.

심 정 무 분 별
心淨無分別하야

유 여 태 허 공
猶如太虛空하며

혜 등 파 제 암
慧燈破諸暗이

시 피 지 경 계
是彼之境界로다

마음이 청정하고 분별이 없는 것이

마치 허공과 같아

지혜의 등불로 어둠을 깨뜨리면

이것이 그들의 경계입니다.

이 대 자 비 의
以大慈悲意로

보 부 제 세 간
普覆諸世間하야

일 체 개 평 등
一切皆平等이

시 피 지 경 계
是彼之境界로다

크게 자비한 마음으로

모든 세간을 두루 덮어

온갖 것에 평등하면

이것이 그들의 경계입니다.

환희심무착　　　　　일체개능사
歡喜心無着하고　　　**一切皆能捨**하야

평등시중생　　　　　시피지경계
平等施衆生이　　　　**是彼之境界**로다

기쁜 마음 집착이 없어

온갖 것을 모두 버리고

중생에게 평등하게 보시하면

이것이 그들의 경계입니다.

심정이제악　　　　　구경무소회
心淨離諸惡하고　　　**究竟無所悔**하야

순행제불교　　　　　시피지경계
順行諸佛敎가　　　　**是彼之境界**로다

청정한 마음으로 나쁜 일 여의고

끝까지 후회함이 없으며

부처님의 가르침을 따라 행하는

이것이 그들의 경계입니다.

요 지 법 자 성　　　　　급 이 제 업 종
了知法自性과　　　　**及以諸業種**하야

기 심 무 동 란　　　　　시 피 지 경 계
其心無動亂이　　　　**是彼之境界**로다

법의 성품과

모든 업의 씨를 알고

그 마음 흔들리지 않으면

이것이 그들의 경계입니다.

용 맹 근 정 진　　　　　안 주 심 불 퇴
勇猛勤精進하고　　　**安住心不退**하야

근 수 일 체 지　　　　　시 피 지 경 계
勤修一切智가　　　　**是彼之境界**로다

용맹하게 꾸준히 노력하고

편안한 마음 물러가지 않아

일체 지혜 부지런히 닦으면

이것이 그들의 경계입니다.

개부일체수화주야신 선지식이 얻은 해탈의 경계를 알 수

없는 이들과 알 수 있는 이들을 들어 그 경계의 깊고 깊음을 거듭 밝혔다. 지금까지는 오언五言 게송으로 설하였고, 아래에는 칠언七言 게송으로 해탈의 경계를 따로 밝혔다.

기 심 적 정 주 삼 매　　　　구 경 청 량 무 열 뇌
其心寂靜住三昧하며　　**究竟淸涼無熱惱**하야

이 수 일 체 지 해 인　　　　차 증 오 자 지 해 탈
已修一切智海因이　　**此證悟者之解脫**이며

그 마음 적정하여 삼매에 머물고
끝까지 청량하여 번뇌 없으며
일체 지혜의 원인 이미 닦았으면
이것이 깨달은 이의 해탈입니다.

선 지 일 체 진 실 상　　　　심 입 무 변 법 계 문
善知一切眞實相하고　　**深入無邊法界門**하야

보 도 군 생 미 유 여　　　　차 혜 등 자 지 해 탈
普度群生靡有餘가　　**此慧燈者之解脫**이며

모든 진실한 모양 잘 알고

그지없는 법계의 문에 깊이 들어가

중생을 제도하여 남김이 없으면

이것이 지혜 등불 얻은 이의 해탈입니다.

요 달 중 생 진 실 성
了達衆生眞實性하고

불 착 일 체 제 유 해
不着一切諸有海하야

여 영 보 현 심 수 중
如影普現心水中이

차 정 도 자 지 해 탈
此正道者之解脫이며

중생의 진실한 성품 통달해

일체 모든 있다는 데 집착하지 않고

그림자처럼 마음의 물에 널리 비치면

이것이 바른 길 걷는 이의 해탈입니다.

종 어 일 체 삼 세 불
從於一切三世佛의

방 편 원 종 이 출 생
方便願種而出生하야

진 제 겁 찰 근 수 행
盡諸劫刹勤修行이

차 보 현 자 지 해 탈
此普賢者之解脫이며

세 세상 모든 부처님의

방편과 서원의 종자로부터 나서

모든 겁 모든 세계에 부지런히 수행하면

이것이 보현의 해탈입니다.

보 입 일 체 법 계 문
普入一切法界門하야

실 견 시 방 제 찰 해
悉見十方諸刹海하고

역 견 기 중 겁 성 괴
亦見其中劫成壞호대

이 심 필 경 무 분 별
而心畢竟無分別하며

모든 법계의 문에 두루 들어가

시방의 세계 바다 모두 다 보고

이뤄지고 무너지는 겁을 보아도

끝까지 분별하는 마음 없으며

법 계 소 유 미 진 중
法界所有微塵中에

실 견 여 래 좌 도 수
悉見如來坐道樹하사

성 취 보 리 화 군 품
成就菩提化群品이

차 무 애 안 지 해 탈
此無礙眼之解脫이로다

법계의 모든 티끌 속마다

여래가 보리수 아래 앉아서

보리를 이루고 중생 교화함을 본다면

이것이 걸림 없는 눈 가진 이의 해탈입니다.

여 어 무 량 대 겁 해 　　　친 근 공 양 선 지 식
汝於無量大劫海에　　親近供養善知識하고

위 리 군 생 구 정 법 　　　문 이 억 념 무 유 망
爲利群生求正法하야　聞已憶念無遺忘이로다

그대는 한량없는 겁의 바다에서

선지식을 친근하여 공양하였고

중생을 이익하게 하려 바른 법 구하니

듣고 나서 기억하고 잊지 않습니다.

비 로 자 나 광 대 경 　　　무 량 무 변 불 가 사
毘盧遮那廣大境이　　無量無邊不可思어늘

아 승 불 력 위 여 설 　　　영 여 심 심 전 청 정
我承佛力爲汝說하야　令汝深心轉淸淨이로다

비로자나의 광대한 경계가

한량없고 그지없어 불가사의하지만

제가 부처님의 힘을 입어 그대에게 설하여

그대의 깊은 마음 더욱 청정하게 합니다.

개부일체수화주야신 선지식이 자신이 얻은 해탈의 경계를 칠언 게송으로 아름답게 설하고, 다시 선재동자가 구법행각을 하면서 한량없는 겁의 바다에서 선지식을 친근하여 공양하고 중생을 이익하게 하려고 바른 법을 구하는 것에 대해서 찬탄하였다.

(5) 옛적 부처님의 일을 말하다

1〉 발심한 인연에 대하여 말하다

선 남 자　　내 왕 고 세　　과 세 계 해 미 진 수 겁
善男子야 **乃往古世**에 **過世界海微塵數劫**하야

유 세 계 해　　명 보 광 명 진 금 마 니 산　　기 세 계 해
有世界海하니 **名普光明眞金摩尼山**이요 **其世界海**

중   유불출현   명보조법계지혜산적정위덕
中에 有佛出現하시니 名普照法界智慧山寂靜威德

왕
王이라

"선남자여, 지나간 옛적 세계해의 미진수 겁 전에 한

세계해가 있었으니 이름이 '넓은 광명 진금 마니산'이

요, 그 세계해 가운데 부처님이 출현하시었으니 이름

이 '보조법계지혜산적정위덕왕普照法界智慧山寂靜威德王'이었

습니다."

선 남 자   기 불   왕 수 보 살 행 시   정 피 세 계 해
善男子야 其佛이 往修菩薩行時에 淨彼世界海

        기 세 계 해 중   유 세 계 미 진 수 세 계 종   일
하니 其世界海中에 有世界微塵數世界種하고 一

일 세 계 종   유 세 계 미 진 수 세 계   일 일 세 계
一世界種에 有世界微塵數世界하고 一一世界에

개 유 여 래   출 흥 어 세   일 일 여 래   설 세 계
皆有如來가 出興於世어시든 一一如來가 說世界

해 미 진 수 수 다 라　　일 일 수 다 라　　수 불 찰 미 진
海微塵數修多羅하고 一一修多羅에 授佛刹微塵

수 제 보 살 기　　현 종 종 신 력　　설 종 종 법 문
數諸菩薩記하사 現種種神力하며 說種種法門하사

도 무 량 중 생
度無量衆生하시니라

"선남자여, 그 부처님이 예전 보살행을 닦을 적에 그 세계해를 깨끗이 하였는데, 그 세계해 가운데에 세계의 미진수 세계종이 있고, 낱낱 세계종마다 세계의 미진수 세계가 있으며, 낱낱 세계마다 여래께서 세상에 출현하셨으며, 낱낱 여래께서 세계해 미진수 경經을 말씀하시고, 낱낱 경에서 세계의 미진수 보살들에게 수기를 주시며 갖가지 신통한 힘을 나타내고 갖가지 법문을 설하여 한량없는 중생을 제도하였습니다."

2) 본생本生의 시간과 장소

선 남 자　　피 보 광 명 진 금 마 니 산 세 계 해 중　　유
善男子야 彼普光明眞金摩尼山世界海中에 有

세계종   명보장엄당   차세계종중   유세계
世界種하니 **名普莊嚴幢**이요 **此世界種中**에 **有世界**

    명일체보색보광명
하니 **名一切寶色普光明**이니

"선남자여, 저 넓은 광명 진금 마니산 세계해 가운데
에 세계종이 있으니 이름이 '두루 장엄한 당기幢旗'요,
그 세계종 가운데 한 세계가 있으니 이름이 '모든 보배
빛 넓은 광명'이었습니다."

본생本生이란 본생설本生說 또는 본생담本生譚이라고도 한
다. 일반적으로 부처님이나 여러 사람의 전생에 관한 이야기
를 본생설이라 하는데 특히 석가세존의 전세에 관한 이야기
를 뜻한다. 화엄경에는 석가세존뿐만 아니라 수많은 부처님
과 보살과 선지식과 그 주변에 등장하는 사람들의 과거 생
에 관한 이야기들이 설해져 있다.

이 현 일 체 화 불 영 마 니 왕   위 체   형 여 천
以現一切化佛影摩尼王으로 **爲體**하야 **形如天**

성   이현일체여래도량영상마니왕   위기
城하고 **以現一切如來道場影像摩尼王**으로 **爲其**

하제   주일체보화해상   정예상잡   차세
下際하야 **住一切寶華海上**하니 **淨穢相雜**이라 **此世**

계중   유수미산미진수사천하   유일사천하
界中에 **有須彌山微塵數四天下**어든 **有一四天下**

       최처기중   명일체보산당
가 **最處其中**하니 **名一切寶山幢**이라

"모든 화신化身 부처님의 그림자를 나타내는 마니왕
으로 자체가 되고 형상은 하늘 성城과 같으며, 모든 여
래 도량의 영상을 나타내는 마니왕으로 밑바닥이 되어
모든 보배 꽃 바다 위에 있으니 깨끗하고 더러움이 함
께 섞이었으며, 이 세계에 수미산의 미진수 사천하가
있고, 한 사천하가 그 중앙에 있으니 이름이 '온갖 보
배 산 당기'였습니다.

기사천하   일일종광   십만유순   일일각
其四天下가 **一一縱廣**이 **十萬由旬**이요 **一一各**

유일만대성　　기염부제중　유일왕도　　　명
有一萬大城이러라 其閻浮提中에 有一王都하니 名

견고묘보장엄운등　　일만대성　주잡위요
堅固妙寶莊嚴雲燈이니 一萬大城이 周帀圍繞하니라

"그 사천하마다 넓이와 길이가 십만 유순이며, 낱낱 사천하에 각각 일만의 큰 성이 있고, 그 염부제에 한 왕도가 있으니 이름이 '견고하고 묘한 보배 장엄 구름 등불'인데 일만의 큰 성이 두루 둘러 있었습니다."

3〉 발심의 수승한 인연

염부제인수만세시　　기중유왕　　　명일체법
閻浮提人壽萬歲時에 其中有王하니 名一切法

음원만개　　유오백대신　육만채녀　칠백왕자
音圓滿蓋라 有五百大臣과 六萬婇女와 七百王子

　　기제왕자　개단정용건　　　유대위력
하니 其諸王子가 皆端正勇健하야 有大威力이러라

"그 염부제 사람의 수명이 일만 세일 때에 왕이 있었으니 이름이 '모든 법 음성 원만한 일산日傘'이요, 오백 대신과 육만 채녀와 칠백 왕자가 있었는데 그 모든

왕자는 모두 용모가 단정하고 용맹하여 큰 위력威力이
있었습니다."

이시 피왕위덕 보피염부제내 무유원
爾時에 **彼王威德**이 **普被閻浮提內**하야 **無有怨**

적 시피세계 겁욕진시 유오탁기 일
敵이러니 **時彼世界**의 **劫欲盡時**에 **有五濁起**하야 **一**

체인중 수명단촉 자재핍소 형색비루
切人衆이 **壽命短促**하고 **資財乏少**하며 **形色鄙陋**하야

다고소락
多苦少樂하며

"그때에 그 왕의 위덕이 염부제에 널리 퍼져서 원수
와 적이 없었습니다. 그때의 그 세계에서 겁이 다하려
할 적에 다섯 가지 흐린 것[五濁]이 생기어 사람들의 수
명은 짧아지고 재물은 모자라고 형상은 비루하고 고통
은 많고 낙은 적었습니다."

다섯 가지 흐린 것을 오탁五濁이라 한다. 또는 오재五滓·
오혼五渾이라 하는데 나쁜 세상에 대한 5종의 더러움이다.

① 겁탁劫濁은 사람의 수명이 차제로 감하여 30·20·10세로 됨을 따라 각기 기근·질병·전쟁이 일어나 시대가 흐려짐을 따라 입는 재액을 말한다. ② 견탁見濁은 말법末法시대에 이르러 사견邪見·사법邪法이 다투어 일어나 부정한 사상의 탁함이 넘쳐흐르는 것을 말한다. ③ 번뇌탁煩惱濁은 또는 혹탁惑濁이라 하는데 사람의 마음이 번뇌에 가득하여 흐려짐을 말한다. ④ 중생탁衆生濁은 또는 유정탁有情濁이라 하는데 사람이 악한 행위만을 행하여 인륜 도덕을 돌아보지 않고 나쁜 결과를 두려워하지 않는 것이다. ⑤ 명탁命濁은 또는 수탁壽濁이라 하는데 인간의 수명이 차례로 단축하는 것을 말한다.

불 수 십 선   전 작 악 업   갱 상 분 쟁   호 상
不修十善하고 專作惡業하며 更相忿諍하고 互相

훼 욕   이 타 권 속   투 타 영 호   임 정 기 견
毀辱하며 離他眷屬하고 妬他榮好하며 任情起見하야

비 법 탐 구
非法貪求일새

"열 가지 착한 일[十善]은 닦지 않고 나쁜 업만 지으며, 서로 다투고 서로 헐뜯으며, 다른 이의 권속을 떠나게 하고 남의 영화를 질투하며, 생각대로 소견을 내고 법답지 못하게 탐심을 내었습니다."

이시인연   풍우불시   묘가부등   원림
以是因緣으로 風雨不時하고 苗稼不登하며 園林

초수   일체고고   인민궤핍   다제역병
草樹가 一切枯槁하며 人民匱乏하야 多諸疫病하며

치주사방   미소의호
馳走四方하야 靡所依怙라

"그런 인연으로 풍우가 고르지 못하고 곡식이 풍년 들지 않으며, 동산에 풀과 나무가 타 죽고 백성들은 궁핍하여 질병이 많아서 사방으로 흩어져 다니며 의지할 데가 없었습니다."

함래공요왕도대성   무량무변백천만억
咸來共繞王都大城하야 無量無邊百千萬億이

사 면 주 잡　　고 성 대 호　　혹 거 기 수　　혹 합 기
四面周帀하야 高聲大呼하며 或擧其手하고 或合其

장　　혹 이 두 고 지　　혹 이 수 추 흉　　혹 굴 슬 장
掌하며 或以頭叩地하고 或以手搥胸하며 或屈膝長

호　　혹 용 신 대 규　　두 발 봉 란　　의 상 폐 악
號하고 或踊身大叫하며 頭髮蓬亂하고 衣裳弊惡하며

피 부 준 열　　면 목 무 광　　이 향 왕 언
皮膚皴裂하고 面目無光하야 而向王言호대

"그래서 모두 왕도가 있는 큰 성으로 와서 한량없고
그지없는 백천만억 겹을 사방으로 둘러싸고 고래고래
소리를 지르며, 혹 손을 들기도 하고, 혹 합장하기도 하
며, 혹 머리를 땅에 조아리기도 하고, 혹 손으로 가슴을
두들기기도 하며, 혹 무릎을 꿇고 부르짖기도 하고, 혹
몸을 솟구치며 외치기도 하고, 머리는 풀어 헤치고 옷
은 남루하며, 살갗이 터지고 얼굴과 눈에는 빛이 없는
이들이 왕을 향하여 하소연하였습니다."

대 왕 대 왕　　아 등　　금 자　　빈 궁 고 로　　기 갈 한
大王大王하 我等이 今者에 貧窮孤露와 饑渴寒

동 　질병쇠리　 중고소핍 　 명장불구　 무의
凍과 疾病衰羸와 衆苦所逼으로 命將不久호대 無依

무구　 무소공고 　아등　금자　내귀대왕
無救하며 無所控告일새 我等이 今者에 來歸大王이로

소이다

"'대왕이시여, 대왕이시여, 저희들은 지금 빈궁하고
외롭고 굶주리고 헐벗고 병들고 쇠약하여 여러 가지 고
통에 시달리고 있습니다. 목숨이 오래가지 못하지만 의
지할 데도 없고 구해 줄 이도 없으며, 이런 하소연을 할
데도 없습니다. 저희들은 이제 대왕을 바라고 왔습니다.'

아 관 대 왕　 인자 지 혜 　 어 대 왕 소　 생 득 안
我觀大王의 仁慈智慧하고 於大王所에 生得安

락 상　 득 소 애 상 　 득 활 명 상 　 득 섭 수 상 　 득 보
樂想과 得所愛想과 得活命想과 得攝受想과 得寶

장 상 　 우 진 양 상 　 봉 도 로 상　 치 선 벌 상 　 견 보
藏想과 遇津梁想과 逢道路想과 值船筏想과 見寶

주 상 　 획 재 리 상 　 승 천 궁 상
洲想과 獲財利想과 昇天宮想하노이다

'저희들이 보기에는 대왕께서는 매우 인자하고 매우 슬기로우시어 대왕이 계신 곳에서 저희들은 안락을 얻으리라는 생각과, 사랑을 받으리라는 생각과, 살려 주시리라는 생각과, 거두어 주시리라는 생각과, 보배 창고를 얻었다는 생각과, 나루를 만났다는 생각과, 바른 길을 찾았다는 생각과, 뗏목을 만났다는 생각과, 보물섬을 보았다는 생각과, 금은보화를 얻으리라는 생각과, 천궁에 올랐다는 생각을 내었습니다.'라고 하였습니다."

4〉 보살행 일으킴을 밝히다

爾時大王이 聞此語已하고 得百萬阿僧祇大悲
門하야 一心思惟하야 發十種大悲語하니

"그때에 대왕은 이 말을 듣고는 백만 아승지 크게 가엾이 여기는 문을 얻어 한결같은 마음으로 생각하며 열 가지 크게 가엾이 여기는 말을 하였습니다."

其十者는 何오 所謂哀哉衆生이여 墮於無底生

死大坑하니 我當云何而速勉濟하야 令其得住一

切智地며

"그 열 가지란 무엇인가 하면, 이른바 '애석하다, 중생이여. 바닥 모를 생사의 구렁에 빠졌으니, 내가 마땅히 어떻게 해서라도 빨리 건져 내어 그들로 하여금 일체 지혜의 땅에 머물게 하리라.'

대왕보살이 불쌍한 중생들을 보고 무수한 크게 가엾이 여기는 문을 얻어 열 가지 크게 가엾이 여기는 말을 하였다. 이것이 대왕이 보살행을 일으키는 일이다. 중생이 생사의 구렁에 빠져 있는 것을 보고 빨리 건져 내어 일체 지혜의 땅에 머물게 한다는 것은 무슨 뜻인가. 생사해탈 또는 생사초월이라고도 할 수 있다. 아주 생사가 없는 세계에 가는 것이 아니라 생사를 무수히 받아 가며 태어나고 죽고 또 태어나더라도 생사를 달게 받아들여서 생사가 마음에 더 이상 장

애가 되지 않는 지혜의 경지에 있음을 말한다.

애 재 중 생   위 제 번 뇌 지 소 핍 박   아 당 운
哀哉衆生이여 爲諸煩惱之所逼迫하니 我當云

하 이 작 구 호   영 기 안 주 일 체 선 업
何而作救護하야 令其安住一切善業이며

'애석하다, 중생이여. 모든 번뇌의 핍박한 바가 되었
으니, 내가 마땅히 어떻게 해서라도 구제하여 그들로
하여금 온갖 착한 업에 편안히 머물게 하리라.'

애 재 중 생   생 로 병 사 지 소 공 포   아 당 운 하
哀哉衆生이여 生老病死之所恐怖니 我當云何

위 작 귀 의   영 기 영 득 신 심 안 은
爲作歸依하야 令其永得身心安隱이며

'애석하다, 중생이여. 나고 늙고 병들고 죽는 데 떨
고 있으니, 내가 마땅히 어떻게 해서라도 의지할 데
가 되어 그들로 하여금 영원히 몸과 마음에 편안함을
얻게 하리라.'

애 재 중 생　　　상 위 세 간 중 포 소 핍　　　아 당 운 하
哀哉衆生이여 常爲世間衆怖所逼하니 我當云何

이 위 우 조　　　영 기 득 주 일 체 지 도
而爲祐助하야 令其得住一切智道며

'애석하다. 중생이여, 항상 세상의 온갖 공포 속에서
시달리니, 내가 마땅히 어떻게 해서라도 도와주어 그들
로 하여금 일체 지혜의 길에 머물게 하리라.'

애 재 중 생　　　무 유 지 안　　　상 위 신 견 의 혹 소 부
哀哉衆生이여 無有智眼하야 常爲身見疑惑所覆

아 당 운 하 위 작 방 편　　　영 기 득 결 의 견 예 막
하니 我當云何爲作方便하야 令其得決疑見翳膜이며

'애석하다, 중생이여. 지혜의 눈이 없어 항상 내 몸
이라는 소견의 의혹에 덮이었으니, 내가 마땅히 어떻게
해서라도 방편을 지어 그들로 하여금 의혹의 소견과 눈
에 가린 막을 걷어 내어 주리라.'

애 재 중 생　　상 위 치 암 지 소 미 혹　　아 당 운
哀哉衆生이여 常爲癡暗之所迷惑하니 我當云

하 위 작 명 거　　영 기 조 견 일 체 지 성
何爲作明炬하야 令其照見一切智城이며

　'애석하다, 중생이여. 항상 어리석음에 미혹되었으
니, 내가 마땅히 어떻게 해서라도 밝은 횃불이 되어 그
들로 하여금 일체 지혜의 성을 비추어 보게 하리라.'

　애 재 중 생　　상 위 간 질 첨 광 소 탁　　아 당 운 하
哀哉衆生이여 常爲慳嫉諂誑所濁하니 我當云何

이 위 개 효　　영 기 증 득 청 정 법 신
而爲開曉하야 令其證得淸淨法身이며

　'애석하다, 중생이여. 항상 아끼고 질투하고 아첨하
는 데 흐리어졌으니, 내가 마땅히 어떻게 해서라도 열어
보여서 그들로 하여금 청정한 법의 몸을 증득하게 하
리라.'

애 재 중 생　　장 시 표 몰 생 사 대 해　　아 당 운
哀哉衆生이여 長時漂沒生死大海하니 我當云

하 이 보 운 도　　영 기 득 상 보 리 피 안
何而普運度하야 令其得上菩提彼岸이며

'애석하다, 중생이여. 생사의 큰 바다에 오랫동안 빠졌으니, 내가 마땅히 어떻게 해서라도 널리 건져 내어 그들로 하여금 보리의 저 언덕에 오르게 하리라.'

애 재 중 생　　제 근 강 강　　난 가 조 복　　아 당
哀哉衆生이여 諸根剛强하야 難可調伏하니 我當

운 하 이 위 조 어　　영 기 구 족 제 불 신 력
云何而爲調御하야 令其具足諸佛神力이며

'애석하다, 중생이여. 여러 감관이 억세어 조복하기 어려우니, 내가 마땅히 어떻게 해서라도 잘 다스려서 그들로 하여금 모든 부처님의 신통한 힘을 갖추게 하리라.'

애 재 중 생　　유 여 맹 고　　불 견 도 로　　아 당
哀哉衆生이여 猶如盲瞽하야 不見道路하니 我當

운 하 이 위 인 도　　영 기 득 입 일 체 지 문
云何而爲引導하야 令其得入一切智門이라

'애석하다, 중생이여. 마치 맹인과 같아서 길을 보지
못하니, 내가 마땅히 어떻게 해서라도 잘 인도하여 그
들로 하여금 일체 지혜의 문에 들어가게 하리라.'라고
하였습니다."

대왕보살이 보살행을 일으키면서 중생들을 애석하게 생
각하여 맹세하는 열 가지 말이다. 대개가 일체 지혜의 문에
들게 하리라고 하였다. 중생들이 일체 지혜가 있으므로 어
떤 문제든지 스스로 해결할 수 있기 때문이다.

작 시 어 이　　격 고 선 령　　아 금 보 시 일 체 중
作是語已하고 擊鼓宣令호대 我今普施一切衆

생　　수 유 소 수　　실 령 충 족　　즉 시 반 하
生호리니 隨有所須하야 悉令充足이라하고 卽時頒下

염부제내대소제성　급제취락　　실개고장
閻浮提內大小諸城과 及諸聚落하야 悉開庫藏하야

출종종물　　치사구도
出種種物하야 置四衢道하니

　"이렇게 말하고는 북을 친 뒤 명령을 내려 '내가 지
금 모든 중생에게 널리 보시하여 필요한 것을 모두 만
족하게 하리라.' 하고 즉시 염부제에 있는 크고 작은 여
러 성과 모든 마을에 선포하여 창고를 열고 갖가지 물
품을 내어 네거리에 쌓아 놓았습니다."

소위금은유리마니등보　의복음식　　화향영
所謂金銀瑠璃摩尼等寶와 衣服飲食과 華香瓔

락　궁전옥택　　상탑부구　건대광명마니보당
珞과 宮殿屋宅과 牀榻敷具요 建大光明摩尼寶幢

　기광촉신　　실사안은
하니 其光觸身하야 悉使安隱하며

　"이른바 금과 은과 유리와 마니 따위의 보배와 의복
과 음식과 꽃과 향과 영락과 궁전과 집과 평상과 방석
이 있으며, 큰 광명 마니보배 당기를 세웠으니 그 빛이

몸에 비치면 모두 편안해졌습니다."

역시일체병연탕약   종종보기   성중잡보
亦施一切病緣湯藥과 種種寶器에 盛衆雜寶와

금강기중   성종종향   보향기중   성종종의
金剛器中에 盛種種香과 寶香器中에 盛種種衣와

연여거승   당번증개   여시일체자생지물
輦輿車乘과 幢幡繒蓋하야 如是一切資生之物을

실개고장   이이급시
悉開庫藏하야 而以給施하며

"또한 여러 가지 병에 필요한 약을 보시하며, 여러
가지 보배 그릇에 여러 가지 보배를 담았으니, 금강 그
릇에는 갖가지 향을 담고, 보배 향 그릇에는 갖가지 옷
을 담고, 연과 가마와 수레와 당기와 번기와 비단 일산
따위의 이와 같은 여러 가지 살림살이에 필요한 것들을
창고의 문을 열어 놓고 다 보시하였습니다."

역 시 일 체 촌 영 성 읍　　　산 택 임 수　　처 자 권 속
亦施一切村營城邑과 山澤林藪와 妻子眷屬과

급 이 왕 위　　두 목 이 비　　순 설 아 치　　수 족 피 륙
及以王位와 頭目耳鼻와 脣舌牙齒와 手足皮肉과

심 신 간 폐　　　내 외 소 유　　실 개 능 사
心腎肝肺하야 內外所有를 悉皆能捨하나라

"또 여러 마을과 성시와 동산과 숲과 처자와 권속과
왕의 지위와 머리와 눈과 귀와 코와 입술과 혀와 치아
와 손발과 가죽과 살과 염통과 콩팥과 간과 허파 따위
의 몸속과 몸밖에 있는 것들을 다 능히 베풀었습니다."

보살대왕이 보살행을 일으키면서 열 가지 큰 서원의 말을
하고 나서 갖가지 보시를 행하여 중생들의 마음을 만족하게
하였다. 나라의 보물창고 문을 열어 네거리에 보물을 쌓아
놓고 무엇이든 필요로 하는 사람들에게 다 베풀어 주었다.
심지어 처자와 권속과 왕의 지위와 머리와 눈과 귀와 코와
입술과 혀와 치아와 손발과 가죽과 살과 염통과 콩팥과 간
과 허파 따위의 몸속과 몸밖에 있는 것들을 다 능히 베풀었
다. 중생들을 교화하고 제도하는 데 있어서 일체를 널리 베

푸는 일보다 중요한 것은 없기 때문이다.

其堅固妙寶莊嚴雲燈城東面에 有門하니 名摩
尼山光明이요 於其門外에 有施會處하니 其地廣博
하야 淸淨平坦하며 無諸坑坎과 荊棘沙礫이요 一切
가 皆以妙寶所成이요

"또한 견고하고 묘한 보배로 장엄한 구름 등불 성 동
쪽에 문이 있으니 이름이 '마니산 광명'이요, 그 문 밖
에 보시하는 모임이 있으니 땅이 넓고 청정하고 평탄하
여 구렁이나 가시덤불이나 자갈 따위가 없고 모두 아름
다운 보배로 되었습니다."

散衆寶華하며 熏諸妙香하며 然諸寶燈하며 一切

향운　충만허공　　무량보수　　차제항렬　　무
香雲이 充滿虛空하며 無量寶樹가 次第行列하며 無

량화망　　무량향망　　미부기상　　무량백천억
量華網과 無量香網이 彌覆其上하며 無量百千億

나유타제음악기　　항출묘음　　여시일체　　개
那由他諸音樂器가 恒出妙音하니 如是一切가 皆

이묘보　　이위장엄　　실시보살정업과보
以妙寶로 而爲莊嚴하니 悉是菩薩淨業果報라

　"여러 보배 꽃을 흩고 묘한 향을 풍겼으며, 여러 가
지 보배 등을 켜니 모든 향기 구름이 허공에 가득하였
고, 한량없는 보배 나무가 차례차례 줄을 지었으며, 한
량없는 꽃 그물과 한량없는 향 그물이 그 위에 덮이었
고, 한량없는 백천억 나유타 악기에서는 아름다운 음
악이 항상 나오는데, 이와 같은 것을 모두 묘한 보배
로 장엄하였으니 모두 보살의 청정한 업으로 생긴 과
보였습니다."

어피회중　　치사자좌　　십보위지　　십보난
於彼會中에 置獅子座호대 十寶爲地하고 十寶欄

순   십종보수   주잡위요   금강보륜   이승
楯과 十種寶樹로 周帀圍繞하며 金剛寶輪으로 以承

기 하   이일체보   위용신상   이공봉지
其下하고 以一切寶로 爲龍神像하야 而共捧持하며

종종보물   이위엄식
種種寶物로 以爲嚴飾하며

"그 모임 가운데 사자좌를 놓았으니, 열 가지 보배가
바닥이 되고, 열 가지 보배로 난간이 되었으며, 열 가지
보배 나무가 두루두루 둘러섰고, 금강 보배 바퀴가 그
밑을 받치었는데, 모든 보배로 용과 신神의 형상을 만들
어 함께 받들게 하였고 갖가지 보물로 장엄하였습니다."

당번간열   중망부상   무량보향   상출향
幢幡間列에 衆網覆上하며 無量寶香이 常出香

운   종종보의   처처분포   백천종악   항주
雲하며 種種寶衣가 處處分布하며 百千種樂이 恒奏

미 음
美音하며

"당기와 번기가 사이사이 벌였고, 여러 가지 그물이

위에 덮이고, 한량없는 보배 향에서는 항상 향기 구름이 나오고, 여러 가지 보배 옷이 곳곳에 깔려 있고, 백천 가지 음악을 항상 연주하였습니다."

부어기상　장시보개　　상방무량보염광명
復於其上에 張施寶蓋하야 常放無量寶焰光明

여염부금　치연청정　　부이보망　수제
하니 如閻浮金이 熾然淸淨하며 覆以寶網하고 垂諸

영락　　마니보대　주회간열　　종종보령　항
瓔珞하며 摩尼寶帶로 周廻間列하고 種種寶鈴이 恒

출묘음　　권제중생　수행선업
出妙音하야 勸諸衆生하야 修行善業이어든

"또 그 위에 보배 일산을 펼쳤는데 한량없는 보배 불꽃 광명을 항상 놓아서 염부단금처럼 찬란하고 깨끗하며, 보배 그물을 덮고 영락을 드리우고, 마니보배로 된 띠가 두루 펴 있으며, 갖가지 풍경에서는 항상 묘한 소리를 내어 모든 중생들에게 착한 업을 닦으라고 권하였습니다."

보살대왕은 성의 동쪽에 보시를 하기 위한 장소를 마련하였는데 그 땅과 주변의 아름다운 장엄들을 낱낱이 밝혔다. 또 대왕이 앉을 사자좌의 장엄을 설명하는데, 그 장엄에 가지가지 풍경이 있고 그 풍경에서는 아름다운 소리가 나서 중생들에게 선한 업 닦기를 권하였다.

時彼大王이 處獅子座하니 形容端正하야 人相具
足하며 光明妙寶로 以爲其冠하며 那羅延身이 不可
沮壞며 一一肢分이 悉皆圓滿하며

"그때 저 대왕이 사자좌에 앉았는데 얼굴이 단정하고 거룩한 모습이 구족하며, 빛이 찬란한 아름다운 보배로 관을 만들어 썼으니, 나라연 같은 몸을 해칠 수 없고 낱낱 손발이 모두 원만하였습니다."

성보현선　　왕종중생　　　어재급법　　실득
性普賢善하고 王種中生하야 於財及法에 悉得

자재　　변재무애　　지혜명달　　이정치국
自在하며 辯才無礙하고 智慧明達하며 以政治國에

무위명자
無違命者러라

"성품이 너그럽고 어질어서 왕족에 태어났으며, 재
물과 법에 자유자재하고 변재가 걸림이 없고 지혜가 통
달하여 어진 정사政事로 나라를 다스리므로 명령을 어기
는 이가 없었습니다."

앞에서 설명한 사자좌에 보살대왕이 앉아 있는 모습을
설명하였다. 대왕의 몸매와 성품을 설명하고, 또 대왕은 재
물과 법에 자유자재하고 변재가 걸림이 없고 지혜가 통달하
여 어진 정사로 나라를 다스리므로 명령을 어기는 이가 없
다고 하였다. 오늘날 이와 같은 위대한 분들이 모든 나라의
임금이나 대통령이 되어 나라를 다스린다면 얼마나 좋은 세
상이 될까 하는 꿈을 가져 본다.

이 시   염 부 제 무 량 무 수 백 천 만 억 나 유 타 중 생
爾時에 閻浮提無量無數百千萬億那由他衆生

종 종 국 토   종 종 족 류   종 종 형 모   종 종 의 복
이 種種國土와 種種族類와 種種形貌와 種種衣服

종 종 언 사   종 종 욕 락   구 래 차 회   관 찰 피
과 種種言辭와 種種欲樂으로 俱來此會하야 觀察彼

왕   함 언 차 왕   시 대 지 인   시 복 수 미   시 공
王하고 咸言此王이 是大智人이며 是福須彌며 是功

덕 월   주 보 살 원   행 광 대 시
德月이라 住菩薩願하야 行廣大施라한대

"그때에 염부제에 한량없고 수없는 백천만억 나유타
중생들이 있는데, 갖가지 국토에서 갖가지 종족과 갖가
지 형상과 갖가지 의복과 갖가지 말과 갖가지 욕망을
가진 이들이 이 모임에 모여 와서 저 대왕을 우러러보
면서 말하기를, '이 대왕은 큰 지혜가 있는 이며, 복이 수
미산 같은 이며, 공덕이 달 같은 이로서 보살의 서원에
머물러서 광대한 보시를 하십니다.' 라고 하였습니다."

한 나라를 다스리는 왕이 그와 같으므로 국민들이 칭송
하는 것은 당연할 것이다. '이 대왕은 큰 지혜가 있는 이며,

복이 수미산 같은 이며, 공덕이 달 같은 이로서 보살의 서원
에 머물러서 광대한 보시를 하십니다.'라고 하였다.

時에 王이 見彼諸來乞者하시고 生悲愍心하며 生
歡喜心하며 生尊重心하며 生善友心하며 生廣大心
하며 生相續心하며 生精進心하며 生不退心하며 生捨
施心하며 生周徧心하나라

"이때에 대왕은 저들이 와서 구걸함을 보고, 가엾이
여기는 마음을 내고, 환희한 마음을 내고, 존중하는 마
음을 내고, 선지식이라는 마음을 내고, 광대한 마음을
내고, 서로 계속하는 마음을 내고, 정진하는 마음을 내
고, 물러나지 않는 마음을 내고, 모든 것을 주려는 마음
을 내고, 두루 하는 마음을 내었습니다."

선남자 이시피왕 견제걸자 심대환희
善男子야 爾時彼王이 見諸乞者하시고 心大歡喜

경 수유경 가사도리천왕 야마천왕 도
하야 經須臾頃이 假使忉利天王과 夜摩天王과 兜

솔타천왕 진백천억나유타겁소수쾌락 역
率陀天王의 盡百千億那由他劫所受快樂이라도 亦

불능급
不能及이며

"선남자여, 그때에 저 대왕이 구걸하는 이들을 보고
크게 환희한 마음을 내는 것이 잠깐 동안이지마는 가령
도리천왕과 수야마천왕과 도솔천왕이 백천억 나유타 겁
동안에 받을 쾌락으로도 미칠 수 없고,

선화천왕 어무수겁 소수쾌락 자재천왕
善化天王의 於無數劫所受快樂과 自在天王의

어무량겁소수쾌락 대범천왕 어무변겁소
於無量劫所受快樂과 大梵天王의 於無邊劫所

수범락 광음천왕 어난사겁소수천락 변정
受梵樂과 光音天王의 於難思劫所受天樂과 徧淨

천왕　　어무진겁소수천락　　정거천왕　　불가설
天王의 於無盡劫所受天樂과 淨居天王의 不可說

겁주적정락　　실불능급
劫住寂靜樂도 悉不能及이러라

　선화천왕이 수없는 겁 동안에 받을 쾌락과, 자재천
왕이 한량없는 겁 동안에 받을 쾌락과, 대범천왕이 그
지없는 겁 동안에 받을 범천의 쾌락과, 광음천왕이 헤
아릴 수 없는 겁 동안에 받을 천왕의 낙樂과, 변정천왕
이 다함이 없는 겁 동안에 받을 천왕의 낙과, 정거천왕
이 말할 수 없는 겁 동안에 고요한 데 머무를 낙으로도
미칠 수 없었습니다."

　선남자　　비여유인　　인자효우　　조봉세난
善男子야 譬如有人이 仁慈孝友호대 遭逢世難

　부모처식　　형제자매　　병개산실　　　홀어
하야 父母妻息과 兄弟姉妹를 並皆散失이라가 忽於

광야도로지간　　이상치우　　첨봉무대　　정무
曠野道路之間에 而相値遇하면 瞻奉撫對에 情無

염 족 　　　시 피 대 왕 　　　견 래 구 자 　　　심 생 환 희
厭足인달하야 時彼大王이 見來求者하고 心生歡喜도

역 부 여 시
亦復如是러라

　"선남자여, 비유하면 마치 어떤 사람이 어질고 인자하고 효도하고 공순한 이로서 난리를 만나 부모, 처자, 형제, 자매와 멀리 헤어졌다가 홀연히 거친 벌판에서 서로 만나 반겨 붙들고 어루만지며 어쩔 줄을 모르듯이 그때에 저 대왕이 와서 구걸하는 이들을 보고 기뻐함도 또한 그와 같았습니다."

　보살대왕은 자신에게 무엇이든 구걸하러 오는 사람을 만나면 세상에서 이보다 더 반갑고 기쁜 일이 없다. 우리나라에는 1950년 6월 25일에 한국전쟁이라는 전쟁이 벌어져서 지금까지도 휴전 중이다. 전쟁을 하는 동안 수많은 사람들이 가족을 잃었는데 이산가족상봉이라는 행사가 가끔 행해진다. 그때에 가족들이 만났을 때 서로 안고 눈물을 흘리며 그 반가움에 어찌할 바 몰라 하듯이 보살대왕은 자신에게 구걸하러 오는 사람을 보고 그와 같이 대한다고 하였다.

아, 이 얼마나 놀랍고도 감동적인 말씀인가.

선남자 기왕 이시 인선지식 어불보리
善男子야 其王이 爾時에 因善知識하야 於佛菩提

해욕증장 제근성취 신심청정 환희
에 解欲增長하며 諸根成就하며 信心淸淨하며 歡喜

원만
圓滿하니

"선남자여, 그 대왕이 그때에 선지식을 만나서 부처
님의 보리를 이해하고 이루고자 함이 더욱 증장하며 모
든 근기가 성취하고 믿음이 청정하며 환희함이 원만하
였습니다."

하이고 차보살 근수제행 구일체지
何以故오 此菩薩이 勤修諸行하야 求一切智하며

원득이익일체중생 원획보리무량묘락 사
願得利益一切衆生하며 願獲菩提無量妙樂하며 捨

리 일 체 제 불 선 심　　　상 락 적 집 일 체 선 근
離一切諸不善心하며 常樂積集一切善根하며

"무슨 까닭입니까. 이 보살이 여러 가지 행을 부지런히 닦아 일체 지혜를 구하며, 모든 중생을 이익하게 하기를 원하고, 보리의 한량없는 묘한 낙을 얻기를 원하며, 일체 모든 착하지 못한 마음을 버리고 모든 착한 뿌리를 모으기를 좋아하며,

상 원 구 호 일 체 중 생　　　상 락 관 찰 살 바 야 도
常願救護一切衆生하며 常樂觀察薩婆若道하며

상 락 수 행 일 체 지 법　　　만 족 일 체 중 생 소 원　　　입
常樂修行一切智法하며 滿足一切衆生所願하며 入

일 체 불 공 덕 대 해　　　파 일 체 마 업 혹 장 산　　　수 순
一切佛功德大海하며 破一切魔業惑障山하며 隨順

일 체 여 래 교 행　　　행 일 체 지 무 장 애 도
一切如來教行하며 行一切智無障礙道니라

항상 모든 중생을 구호하기를 원하고, 항상 살바야의 도道를 관찰하기를 좋아하며, 항상 일체 지혜의 법을 수행하기를 즐기고, 모든 중생의 소원을 만족하게 하

며, 모든 부처님의 공덕 바다에 들어가며, 모든 마魔의 업과 번뇌의 장애산을 깨뜨리며, 모든 여래의 가르침을 따르며, 일체 지혜의 걸림 없는 도를 행하였습니다."

보살인 왕이 어찌하여 구걸하러 오는 사람들을 보고 헤어졌던 부모 형제를 만난 것과 같이 반가워하고 기뻐하는가. 보살은 오로지 여러 가지 행을 부지런히 닦아 일체 지혜를 구하는 생각뿐이며, 모든 중생을 이익하게 하기를 원하는 생각뿐이며, 깨달음의 한량없는 낙을 얻기를 원하는 생각뿐이며, 일체 모든 착하지 못한 마음을 버리고 모든 착한 뿌리를 모으기를 좋아하는 생각뿐이기 때문이다.

이 능 심 입 일 체 지 류   일 체 법 류   상 현 재 전
已能深入一切智流하야 **一切法流**가 **常現在前**

대 원 무 진   위 대 장 부   주 대 인 법   적 집
하며 **大願無盡**하야 **爲大丈夫**하며 **住大人法**하야 **積集**

일 체 보 문 선 장
一切普門善藏하며

"이미 능히 일체 지혜의 흐름에 깊이 들어갔으며, 모든 법의 흐름이 항상 앞에 나타나며, 큰 서원이 다함이 없어 대장부가 되었으며, 거룩한 이의 법에 머물러 여러 가지의 넓은 문 착한 일을 쌓아 모으며,

이 일 체 착　　불 염 일 체 세 간 경 계　　　지 제 법
離一切着하야 不染一切世間境界하며 知諸法

성　유 여 허 공　　어 래 걸 자　생 일 자 상　　생 부
性이 猶如虛空하야 於來乞者에 生一子想하며 生父

모 상　　생 복 전 상　　생 난 득 상　　생 은 익 상
母想하며 生福田想하며 生難得想하며 生恩益想과

생 견 고 상　　사 상　　불 상
生堅固想과 師想과 佛想하야

모든 집착을 여의어 일체 세간의 경계에 물들지 않으며, 모든 법의 성품이 마치 허공과 같음을 알고, 와서 구걸하는 이에게 외아들이라는 생각을 내고, 부모라는 생각을 내고, 복밭이라는 생각을 내고, 만나기 어렵다는 생각을 내고, 이익하고 은혜롭다는 생각을 내고, 견고하다는 생각과 스승이라는 생각과 부처님이라는 생각

을 내었습니다."

구걸하러 오는 사람을 어찌하여 그토록 반가워하고 기뻐하는가. 보살은 구걸하러 오는 사람들에게 외아들이라는 생각과 부모라는 생각과 복의 밭이라는 생각과 만나기 어렵다는 생각과 이익하고 은혜롭다는 생각과 견고하다는 생각과 스승이라는 생각과 부처님이라는 생각을 내었기 때문이다.

불간방처　　불택족류　　불선형모　　수유
不揀方處하며 不擇族類하며 不選形貌하고 隨有

래지　　여기소욕　　이대자심　　평등무애
來至하야 如其所欲하야 以大慈心으로 平等無礙하야

일체보시　　개령만족
一切普施하야 皆令滿足호대

"처소도 가리지 않고, 종족의 유類도 택하지 않고, 형상도 가림이 없이 오는 이마다 그의 욕망대로 크게 인자한 마음으로 평등하여 걸림이 없으며 모든 것을 널리 보시하여 다 만족하게 하였습니다."

보살이 보시를 널리 행하는데 무엇을 가리고 차별하겠는
가. 무차대회無遮大會라는 말도 있다. 어떤 사람도 막거나 차
별하지 않으면서 널리 보시를 베푸는 법회이다. 보시는 당
연히 그와 같이 해야 한다.

구 음 식 자　시 여 음 식　　구 의 복 자　시 여 의 복
求飮食者엔 施與飮食하고 求衣服者엔 施與衣服

구 향 화 자　시 여 향 화　　구 만 개 자　시 여 만
하며 求香華者엔 施與香華하고 求鬘蓋者엔 施與鬘

개　　당 번 영 락　궁 전 원 원　상 마 거 승　상 좌
蓋하며 幢幡瓔珞과 宮殿園苑과 象馬車乘과 牀座

피 욕　금 은 마 니　제 진 보 물　일 체 고 장　급 제
被褥과 金銀摩尼의 諸珍寶物과 一切庫藏과 及諸

권 속　성 읍 취 락　개 실 여 시 보 시 중 생
眷屬과 城邑聚落을 皆悉如是普施衆生하니라

"음식을 구하는 이에게는 음식을 주고, 옷을 구하는
이에게는 옷을 주고, 향과 꽃을 구하는 이에게는 향과

꽃을 주고, 화만과 일산을 구하는 이에게는 화만과 일산을 주고, 당기幢旗와 번기幡旗와 영락과 궁전과 동산과 정원과 코끼리와 말과 수레와 평상과 보료와 금, 은, 마니 등 보물과 창고에 쌓아 둔 것과 권속과 도시와 마을들을 모두 다 이와 같이 중생들에게 보시하였습니다."

5〉 주야신 선지식이 발심하던 옛 일을 밝히다

시 차 회 중　유 장 자 녀　　명 보 광 명　　여 육 십
時此會中에 **有長者女**하니 **名寶光明**이니 **與六十**

동 녀 　구　　단 정 주 묘　　인 소 희 견　　피 부 금
童女로 **俱**호대 **端正姝妙**하야 **人所喜見**이라 **皮膚金**

색　 목 발 감 청　　신 출 묘 향　　구 연 범 음　　 상
色이요 **目髮紺靑**이며 **身出妙香**하고 **口演梵音**하며 **上**

묘 보 의　 이 위 장 엄
妙寶衣로 **以爲莊嚴**하고

"그때에 이 모임 가운데 한 장자의 딸이 있었으니 이름이 보광명寶光明이었습니다. 육십 명의 동녀와 함께 있었는데 단정하고 아름다워 사람들이 기뻐하니 살갗은 금빛이고, 눈과 머리카락은 검푸르고, 몸에서는 아름다

운 향기가 나고, 입으로는 범천의 음성을 말하며, 훌륭
한 보배 옷으로 장엄하였습니다."

대왕이 널리 보시를 행하는 모임 가운데 보광명이라는
한 장자의 딸이 있었다. 육십 명의 동녀와 함께 있으며 그가
아름답고 잘 생기고 덕이 있음을 밝혔는데 그는 다름 아닌
개부일체수화주야신 선지식의 과거 생의 전신인 것이다.

常懷慚愧하야 正念不亂하며 具足威儀하고 恭敬

師長하며 常念順行甚深妙行하야 所聞之法을 憶

持不忘하며 宿世善根이 流潤其心하야 淸淨廣大가

猶如虛空하며 等安衆生하고 常見諸佛하야 求一切

智러니라

"항상 수줍은 모습을 품고 바른 생각이 산란하지 않

으며, 위의를 갖추고 어른을 공경하며, 항상 깊고 묘한 행을 따르기를 생각하여 한 번 들은 법은 늘 기억하여 잊지 않으며, 전생에 심은 착한 뿌리가 마음을 윤택하게 하여 청정하고 광대하기가 마치 허공과 같아서 중생들을 평등하게 안주하게 하며 모든 부처님을 항상 친견하고 일체 지혜를 구하였습니다."

時에 寶光明女가 去王不遠에 合掌頂禮하야 作
如是念호대 我獲善利며 我獲善利니 我今得見大
善知識이라하고

"그때에 보광명녀가 대왕으로부터 멀지 않은 데서 합장 예배하고 생각하기를, '나는 좋은 이익을 얻었네. 나는 좋은 이익을 얻었네. 나는 지금 큰 선지식을 친견하였네.'라고 하였습니다."

어피왕소　생대사상　선지식상　구자비
於彼王所에 **生大師想**과 **善知識想**과 **具慈悲**

상　능섭수상　기심정직　생대환희
想과 **能攝受想**하야 **其心正直**하야 **生大歡喜**하며

"그 대왕을 대하여 큰 스승이라는 생각과 선지식이
라는 생각과 자비를 구족했다는 생각과 능히 거두어 주
리라는 생각을 내고는 그 마음이 정직하여 크게 환희하
였습니다."

개부일체수화주야신 선지식의 전신인 보광명녀는 비로
자나 부처님의 전신인 보살대왕을 친견하여 온갖 법을 얻고
는 큰 스승이라는 생각과 선지식이라는 생각과 자비를 구족
했다는 생각과 능히 거두어 주리라는 생각을 내었다.

탈신영락　지봉피왕　작시원언　금차
脫身瓔珞하야 **持奉彼王**하고 **作是願言**호대 **今此**

대왕　위무량무변무명중생　작소의처
大王이 **爲無量無邊無明衆生**하야 **作所依處**하시니

원아미래　　역부여시
願我未來에 **亦復如是**하며

"그러고는 몸에 걸었던 영락을 벗어 왕에게 받들고
원하여 말하기를, '지금 이 대왕께서 한량없고 그지없
는 무명 중생의 의지할 데가 되었으니 원컨대 저도 오
는 세상에서 또한 그와 같이 되어지이다.

　　여피대왕　　소지지법　　소재지승　　소수지도
如彼大王의 **所知之法**과 **所載之乘**과 **所修之道**와

소구색상　　소유재산　　소섭중회　　무변무진
所具色相과 **所有財產**과 **所攝衆會**가 **無邊無盡**하고

난승난괴　　　원아미래　　실득여시　　　수소생처
難勝難壞하야 **願我未來**에 **悉得如是**하야 **隨所生處**

　　개수왕생
하야 **皆隨往生**이라한대

이 대왕의 아시는 법과 타시는 수레와 닦으시는 도
道와 갖추신 모습과 가지신 재산과 거두어 주시는 대중
이 그지없고 다함이 없으며, 이길 수 없고 파괴할 수
없사오니, 원컨대 저도 오는 세상에 모두 그와 같이 되

며 그의 태어나시는 곳에 따라가서 나게 하여지이다.'
라고 하였습니다."

　　보광명녀는 보살대왕의 법을 듣고는 환희하여 큰 스승이
라는 생각과 선지식이라는 생각을 내고는 곧바로 몸에 걸었
던 영락을 벗어 공양하고 발원하였다.

　　이 시 대 왕　　지 차 동 녀　　발 여 시 심　　　이 고 지
爾時大王이 **知此童女**의 **發如是心**하고 **而告之**

언　　　　동 녀　　수 여 소 욕　　　아 개 여 여　　　아 금
言하사대 **童女**야 **隨汝所欲**하야 **我皆與汝**호리니 **我今**

소 유　　일 체 개 사　　　영 제 중 생　　보 득 만 족
所有를 **一切皆捨**하야 **令諸衆生**으로 **普得滿足**이로라

　　"그때에 대왕은 이 동녀가 이와 같은 마음을 내는 줄
을 알고 말하기를, '동녀여, 그대가 하고자 하는 대로
내가 모두 그대에게 주리라. 나에게 지금 가지고 있는
온갖 것을 다 버려서 모든 중생들로 하여금 모두 만족
하게 하리라.' 라고 하였습니다."

6〉 보광명녀가 대왕의 덕을 찬탄하다

시 보광명녀 신심청정 생대환희 즉
時에 **寶光明女**가 **信心淸淨**하야 **生大歡喜**하야 **卽**

이 게 송 이 찬 왕 언
以偈頌으로 **而讚王言**호대

"그때에 보광명녀는 믿는 마음이 청정하여지고 매우
환희하여 곧 게송으로 대왕을 찬탄하였습니다."

보광명녀가 보살대왕에게 법을 듣고 영락을 벗어 공양하
고는 대왕의 덕을 게송으로 찬탄하였다. 선지식을 친견하게
되면 예배하고 공경하며 법문을 듣고 공양하고 찬탄하는 것
이 그 순서로 되어 있다. 자신에게 구걸하러 오는 사람을 보
고는 마치 전쟁 중에 헤어졌던 가족을 수십 년 만에 다시 만
난 듯이 반가워하고 기뻐하는 보살대왕이다. 어찌 그를 공
경하고 예배하고 공양하며 찬탄하여 높이높이 칭송하지 않
을 수 있겠는가. 그런 사람이 임금의 지위에 올라 세상을 다
스리는데 어찌 세상이 좋아지지 않겠는가. 진실로 그 감동
이 가시지 않는다.

왕 석 차 성 읍
往昔此城邑이

대 왕 미 출 시
大王未出時에

일 체 불 가 락
一切不可樂이

유 여 아 귀 처
猶如餓鬼處하야

지난 옛날 이 성읍에

대왕이 아직 나시기 전에

즐거운 것 하나도 없어

마치 아귀들 사는 데 같았습니다.

중 생 상 살 해
衆生相殺害하고

절 도 종 음 질
竊盜縱婬佚하며

양 설 불 실 어
兩舌不實語와

무 의 추 악 언
無義麤惡言하며

중생들이 서로 살해하고

훔치고 간음하며

이간질하고 거짓말하고

옳지 못하고 추악한 말만 하였습니다.

탐 애 타 재 물
貪愛他財物하고

진 에 회 독 심
瞋恚懷毒心하고

사 견 불 선 행
邪見不善行하야

명 종 타 악 도
命終墮惡道라

남의 재물을 욕심내고

성 잘 내고 표독한 마음 품어

삿된 소견과 나쁜 행동으로

죽고 나서는 악도에 떨어졌습니다.

이 시 등 중 생
以是等衆生이

우 치 소 부 폐
愚癡所覆蔽로

주 어 전 도 견
住於顚倒見하야

천 한 불 강 택
天旱不降澤하니

이러한 중생들이

어리석음에 덮인 바 되어

뒤바뀐 소견에 빠져 있어서

하늘은 가물어 비도 내리지 않았습니다.

이 무 시 우 고　　　　　　백 곡 실 불 생
以無時雨故로　　　　　**百穀悉不生**하며

초 목 개 고 고　　　　　　천 류 역 건 갈
草木皆枯槁하며　　　　**泉流亦乾竭**이로다

때에 맞추어 비가 오지 아니하여

곡식은 하나도 싹이 나지 못하고

풀과 나무는 다 말라 버렸으며

샘물도 시냇물도 모두 말랐습니다.

대 왕 미 흥 세　　　　　　진 지 실 고 후
大王未興世에　　　　　**津池悉枯涸**하고

원 원 다 해 골　　　　　　망 지 여 광 야
園苑多骸骨하야　　　　**望之如曠野**러니

대왕이 아직 나시기 전에

물은 모두 말라 버리고

동산에는 해골만 뒹굴어

마치 거친 벌판 같았습니다.

보살대왕이 아직 이 세상에 출현하시기 전에는 즐거운 것은 하나도 없고 마치 아귀들 사는 데 같았다. 중생들은 서로 살해하고, 훔치고, 간음하고, 이간질하고, 거짓말하고, 옳지 못하고 추악한 말만 하고 살았다. 심지어 하늘은 가물어 비도 내리지 않았다. 동산에는 해골만 뒹굴어 마치 거친 벌판 같았다. 마치 오늘날의 세상 분위기를 그려 놓은 듯하다.

대 왕 승 보 위
大王昇寶位에

광 제 제 군 생
廣濟諸群生하시니

유 운 피 팔 방
油雲被八方하야

보 우 개 충 흡
普雨皆充洽이로다

대왕께서 보위寶位에 오르시어

모든 백성들을 건지시니

두꺼운 구름이 팔방에 퍼져

단비가 흡족하게 내렸습니다.

대 왕 임 서 품
大王臨庶品에

보 단 제 포 학
普斷諸暴虐하시니

형 옥 개 지 조
刑獄皆止措하고

경 독 실 안 은
煢獨悉安隱이로다

대왕이 이 나라에 군림하시어

여러 가지 나쁜 짓 다 끊어 주시매

감옥에는 죄인이 없고

외로운 이들은 모두 편안하였습니다.

보살대왕이 임금의 보위에 올라 나라를 다스리니 인간들이 짓는 나쁜 짓은 전혀 하지 않아서 하늘에서는 단비가 흡족하게 내리고 감옥에는 죄인이 없어 텅 비었다. 외롭고 고달픈 이는 한 사람도 없고 모두 모두 편안하게 살고 있었다.

왕 석 제 중 생
往昔諸衆生이

각 각 상 잔 해
各各相殘害하야

음 혈 이 담 육
飮血而噉肉이러니

금 실 기 자 심
今悉起慈心이로다

예전에는 여러 중생들

서로서로 남을 해치며

피를 빨고 살을 씹더니

지금은 모두 인자하여졌습니다.

왕 석 제 중 생　　　　　빈 궁 소 의 복
往昔諸衆生이　　　　　**貧窮少衣服**하야

이 초 자 차 폐　　　　　기 리 여 아 귀
以草自遮蔽하고　　　　**饑羸如餓鬼**러니

예전에는 모든 중생들이

가난하고 헐벗어서

풀잎으로 앞을 가리고

굶주려서 아귀 같았습니다.

대 왕 기 홍 세　　　　　갱 미 자 연 생
大王旣興世에　　　　　**粳米自然生**하고

수 중 출 묘 의　　　　　남 녀 개 엄 식
樹中出妙衣하야　　　　**男女皆嚴飾**이로다

대왕이 이미 세상에 출현하시니

쌀이 저절로 나고

나무에서 아름다운 의복이 나와

남자와 여자들은 모두 새 옷으로 꾸몄습니다.

석 일 경 미 리
昔日競微利하야

비 법 상 능 탈
非法相陵奪이러니

금 시 병 풍 족
今時並豐足하니

여 유 제 석 원
如遊帝釋園이로다

옛날에는 하찮은 이익을 다투어

법도 없이 서로 빼앗더니

지금은 모든 것이 풍족하여

마치 제석천의 동산에 온 듯합니다.

석 시 인 작 악
昔時人作惡에

비 분 생 탐 염
非分生貪染하야

타 처 급 동 녀
他妻及童女를

종 종 상 침 핍
種種相侵逼이러니

옛날에는 사람들 나쁜 짓을 하며

자기 몫이 아닌데도 탐욕을 내어

유부녀나 동녀들을

갖가지로 침해하였습니다.

금 견 타 부 인　　　　단 정 묘 엄 식
今見他婦人의　　　　**端正妙嚴飾**호대

이 심 무 염 착　　　　유 여 지 족 천
而心無染着이　　　　**猶如知足天**이로다

지금에는 얌전하고

옷 잘 입은 부인을 보고도

마음이 물들지 않아

마치 지족천知足天에나 온 듯합니다.

　지족천知足天은 도솔천兜率天이다. 욕계 6천의 하나로서 도
사다覩史多 · 투슬다鬪瑟哆 · 도솔타兜率陀 · 도술兜術이라고도
쓴다. 상족上足 · 묘족妙足 · 희족喜足 · 지족知足이라고 번역한
다. 수미산의 꼭대기에서 12만 유순 되는 곳에 있는 천계天界
로서 7보寶로 된 궁전이 있고 한량없는 하늘 사람들이 살고
있고, 여기에는 내 · 외의 2원院이 있다고 한다. 외원外院은 천

중天衆의 욕락처欲樂處이고 내원內院은 미륵보살의 정토라 한다. 미륵은 여기에 있으면서 설법하여 남섬부주南贍部洲에 하생하여 성불할 시기를 기다리고 있다.

이 하늘은 아래에 있는 사왕천·도리천·야마천이 욕정에 잠겨 있고, 위에 있는 화락천·타화자재천이 들뜬 마음이 많은 데 대하여, 잠기지도 들뜨지도 않으면서 5욕락에 만족한 마음을 내므로 미륵보살 등의 보처보살이 있다고 한다. 이 하늘 사람의 키는 2리이고, 옷 무게는 1수銖 반이며, 수명은 4천 세이다. 인간의 400세가 이 하늘의 1주야라고 한다. 어떤 분야든지 모두 만족을 느끼고 사는 곳이다.

석 일 제 중 생	망 언 부 진 실
昔日諸衆生이	妄言不眞實하며
비 법 무 이 익	첨 곡 취 인 의
非法無利益하며	諂曲取人意러니

옛날에는 모든 중생들이
거짓말하고 진실하지 못하여
법도 모르고 이익도 없어

아첨하고 잘 보이려 하더니

금 일 군 생 류　　　　실 리 제 악 언
今日群生類가　　　**悉離諸惡言**하야

기 심 기 유 연　　　　발 어 역 조 순
其心旣柔軟하고　　**發語亦調順**이로다

지금에는 여러 사람들이

나쁜 말은 하나도 없고

마음이 유순하며

하는 말이 모두 화순합니다.

석 일 제 중 생　　　　종 종 행 사 법
昔日諸衆生이　　　**種種行邪法**하야

합 장 공 경 례　　　　우 양 견 돈 류
合掌恭敬禮　　　**牛羊犬豚類**러니

옛날에는 모든 중생들이

여러 가지 삿된 짓 하여

소나 양이나 개나 돼지를 보고도

합장하고 절을 하더니

금 문 왕 정 법
今聞王正法하고

오 해 제 사 견
悟解除邪見하야

요 지 고 락 보
了知苦樂報가

실 종 인 연 기
悉從因緣起로다

지금은 임금의 바른 법을 듣고
옳게 알고 삿된 소견이 없어져
괴로움과 즐거움의 과보가
모두 인연으로 생기는 줄을 압니다.

보광명녀는 찬탄하였다. 보살대왕이 세상에 출현하기
전에는 세상은 험악하고 사람들은 거칠고 악독하여 천지가
온통 지옥과 같았는데, 보살대왕이 왕위에 올라서 나라를
다스리니 오곡이 풍성하고 만물이 넉넉하며 사람들은 정직
하고 선량하여 참으로 살기 좋은 세상으로 바뀌었음을 낱
낱이 설명하였다. 특히 보살대왕이 가르치는 바른 법을 듣
고는 일체 삿된 소견을 모두 버리고 모든 괴로움과 즐거움

의 과보는 인연으로 생긴 것임을 명백하게 알게 되었다.

보살대왕이 가르치는 바른 법에는 수많은 것이 있겠으나 무엇보다 모든 법은 인연으로 생기고 모든 법은 인연으로 소멸한다는 연기의 법칙과 인과의 법칙을 믿고 생활에 실천하는 일이 가장 중요하다는 점을 설하였다.

대 왕 연 묘 음	문 자 개 흔 락
大王演妙音에	聞者皆欣樂이라

범 석 음 성 등	일 체 무 능 급
梵釋音聲等이	一切無能及이로다

대왕이 묘한 법을 연설하시니

듣는 이마다 모두 기뻐하나니

범천과 제석의 음성 등

일체가 이 소리에 미칠 수 없습니다.

대 왕 중 보 개	형 처 허 공 중
大王衆寶蓋가	迥處虛空中하니

경 이 유 리 간
擎以瑠璃幹하고

부 이 마 니 망
覆以摩尼網하며

대왕의 온갖 보배로 된 일산日傘

공중에 높이 솟았는데

유리로 대가 되고

마니 그물로 덮이었으며

금 영 자 연 출
金鈴自然出

여 래 화 아 음
如來和雅音하야

선 양 미 묘 법
宣揚微妙法하야

제 멸 중 생 혹
除滅衆生惑이로다

황금 풍경에서는

여래의 화평한 음성이 저절로 나서

미묘한 법을 말하여

중생의 번뇌를 소멸합니다.

차 부 광 연 설
次復廣演說

시 방 제 불 찰
十方諸佛刹의

일 체 제 겁 중
一切諸劫中에

여 래 병 권 속
如來并眷屬하며

또 시방 여러 세계의

모든 겁 동안에 나신

여래와 그 권속들의

이야기를 널리 연설하고

우 부 차 제 설
又復次第說

과 거 시 방 찰
過去十方刹과

우 피 국 토 중
又彼國土中에

일 체 제 여 래
一切諸如來하며

또 차례차례로

과거의 시방세계와

그 국토에 계시던

일체 모든 여래를 말하며

우 출 미 묘 음
又出微妙音하야

보 변 염 부 계
普徧閻浮界하야

광 설 인 천 등
廣說人天等의

종 종 업 차 별
種種業差別하니

또 미묘한 음성을 내어

염부제에 널리 퍼져서

인간과 천상의

여러 가지 업의 차별을 말하니

중 생 청 문 이
衆生聽聞已에

자 지 제 업 장
自知諸業藏하야

이 악 근 수 행
離惡勤修行하야

회 향 불 보 리
廻向佛菩提로다

중생들이 듣고는

스스로 모든 업의 창고를 알고

악을 버리고 부지런히 수행하여

부처님의 보리로 회향합니다.

보광명녀는 계속해서 찬탄하였다. 보살대왕이 가지가지
법을 설하여 세상에 부처님이 출현하신 일도 알려 주고, 진리의 가르침이 있음도 알려 주어 사람들의 미혹한 마음을 제거하고, 궁극에 나아가서는 중생들로 하여금 스스로 모든 업의 창고는 어떻게 해서 생기는가를 알게 하고, 악을 버리고 부지런히 수행하여 부처님의 큰 깨달음에 회향하게 하였다.

7〉 대왕의 본생本生을 찬탄하다

왕 부 정 광 명
王父淨光明이요

왕 모 연 화 광
王母蓮華光이니

오 탁 출 현 시
五濁出現時에

처 위 치 천 하
處位治天下로다

대왕의 아버지는 정광명이고
대왕의 어머니는 연꽃광명이라
다섯 가지 혼탁함이 나타날 적에
왕위에 올라 천하를 다스렸습니다.

보광명녀는 보살대왕이 지난 세상에서 어떤 부모를 만나 어떤 곳에서 어떻게 살았는가를 낱낱이 들어 찬탄하였다. 인

류 역사상 가장 위대하여 천상과 천하에 같을 분 없고 시방
세계에 어느 누구와도 비교할 이 없는 부처님의 과거 생 이야
기이다. 우리는 그분의 과거 살아온 생애를 얼마나 아름답
게 묘사해야 마음에 흡족할까. 언어의 길이 끊어지고 마음
으로 헤아리는 일이 사라져 버리리라.

시 유 광 대 원
時有廣大園하고

원 유 오 백 지
園有五百池하니

일 일 천 수 요
一一千樹繞하야

각 각 화 미 부
各各華彌覆로다

그때 넓고 큰 동산이 있고
동산에는 오백의 연못이 있어
각각 일천의 나무가 둘러서고
못마다 연꽃이 덮이었습니다.

어 기 지 안 상
於其池岸上에

건 립 천 주 당
建立千柱堂하니

난 순 등 장 엄
欄楯等莊嚴이

일 체 무 불 비
一切無不備로다

그 연못 언덕 위에

집을 지으니 기둥이 일천 개라

난간이며 모든 장엄이

어느 것 하나 갖추지 않은 것이 없었습니다.

말 세 악 법 기
末世惡法起에

적 년 불 강 우
積年不降雨하야

지 류 실 건 갈
池流悉乾竭하고

초 수 개 고 고
草樹皆枯槁러니

말세가 되고 나쁜 법들이 생겨

여러 해 비가 내리지 않더니

못에는 물이 마르고

초목은 모두 말라 죽었습니다.

왕 생 칠 일 전
王生七日前에

선 현 영 서 상
先現靈瑞相하니

견 자 함 심 념
見者咸心念호대

구 세 금 당 출
救世今當出이로다

대왕이 태어나시기 칠일 전에

신령한 상서가 나타나

보는 이마다 생각하기를

세상을 구제할 이가 지금 출현하시려는도다 하였습
니다.

이 시 어 중 야
爾時於中夜에

대 지 육 종 동
大地六種動하며

유 일 보 화 지
有一寶華池에

광 명 유 일 현
光明猶日現하니라

그날 밤중에

대지가 여섯 가지로 진동하며

보배 꽃 덮인 못에는

광명이 마치 햇빛처럼 빛났습니다.

대지가 여섯 가지로 진동한다는 것은 육종진동六種震動으

로서 세간에 상서가 있을 때에 대지大地가 진동하는 모양의 6종이다. ① 동動은 흔들려서 불안한 것이고 ② 기起는 아래로부터 위로 올라가는 것이고 ③ 용涌은 솟아오르고 꺼져 내려가고 하여 6방으로 출몰出沒하는 것이고 ④ 진震은 은은한 소리가 나는 것이고 ⑤ 후吼는 꽝하고 소리를 내는 것이고 ⑥ 각覺은 물건을 깨닫게 하는 것이다. 전前 3은 모양이 변하는 것이고 후後 3은 소리가 변하는 것이다.

오 백 제 지 내
五百諸池內에

공 덕 수 충 만
功德水充滿하며

고 수 실 생 지
枯樹悉生枝하야

화 엽 개 영 무
華葉皆榮茂로다

오백 개의 연못 안에는

공덕수가 가득하고

마른 나무에는 새 가지가 나고

꽃과 잎이 모두 무성하였습니다.

공덕수功德水는 팔공덕수八功德水로서 여덟 가지 공덕을 갖추고 있는 물인데 여덟 가지 공덕은 경에 따라 다소 다르다. 칭찬정토경에는 고요하고 깨끗함·차고 맑은 것·맛이 단 것·입에 부드러운 것·윤택한 것·편안하고 화평한 것·기갈 등의 한량없는 근심을 없애 주는 것·여러 근根을 잘 길러 주는 것이라 하였고, 구사론에는 달고·차고·부드럽고·가볍고·깨끗하고·냄새가 없고·마실 때 목이 상하는 일이 없고·마시고 나서 배탈이 나는 일이 없는 것이라 하였다.

지 수 기 영 만
池水旣盈滿에

유 연 일 체 처
流演一切處하야

보 급 염 부 지
普及閻浮地하니

미 불 개 점 흡
靡不皆霑洽이로다

연못에 가득한 물은
여러 곳으로 넘쳐흘러
널리 염부제까지 미쳐서
흡족하게 적시지 않는 곳이 없었습니다.

약 초 급 제 수
藥草及諸樹와

백 곡 묘 가 등
百穀苗稼等의

지 엽 화 과 실
枝葉華果實이

일 체 개 번 성
一切皆繁盛이로다

약초나 모든 나무나

온갖 곡식이며 채소들까지

가지와 잎과 꽃과 열매들이

모두 다 번성하였습니다.

구 갱 급 퇴 부
溝坑及堆阜와

종 종 고 하 처
種種高下處의

여 시 일 체 지
如是一切地가

막 불 개 평 탄
莫不皆平坦이로다

구렁과 도랑과 언덕과

가지가지 높은 곳과 낮은 땅의

이와 같은 모든 땅바닥이

한결같이 다 평탄하였습니다.

형 극 사 력 등
荊棘沙礫等의

소 유 제 잡 예
所有諸雜穢가

개 어 일 념 중
皆於一念中에

변 성 중 보 옥
變成衆寶玉이로다

가시덤불과 자갈밭과

온갖 더러운 것들도

모두 잠깐 동안에

여러 가지 보배 옥으로 변하였습니다.

중 생 견 시 이
衆生見是已하고

환 희 이 찬 탄
歡喜而讚歎하야

함 언 득 선 리
咸言得善利라하야

여 갈 음 미 수
如渴飮美水라라

중생들이 이것을 보고는

기뻐하고 찬탄하면서

좋은 이익을 얻은 것이

목마를 때 감로수를 마신 것 같다고 하였습니다.

시 피 광 명 왕
時彼光明王이

권 속 무 량 중
眷屬無量衆으로

첨 연 비 법 가
僉然備法駕하야

유 관 제 원 원
遊觀諸園苑할새

그때 저 광명왕은

한량없는 권속들과 함께

모두 다 법의 수레를 갖추고

여러 동산으로 놀러 나가시니

오 백 제 지 내
五百諸池內에

유 지 명 경 희
有池名慶喜요

지 상 유 법 당
池上有法堂하니

부 왕 어 차 주
父王於此住라

오백 연못 가운데

경희慶喜라는 못이 있고

못 위에 법당이 있으니

부왕께서 거기에 앉으셨습니다.

그때 광명왕光明王이라는 왕은 곧 뒤에서 과거의 일과 현

재의 일을 밝히는 내용 중에 석가모니 부처님의 아버지인 정
반왕淨飯王의 전신이라고 하였다. 또 연화광부인蓮花光夫人은
어머니인 마야부인摩耶夫人의 전신이라고 하였다.

선 왕 어 부 인
先王語夫人호대

아 념 칠 야 전
我念七夜前에

중 소 지 진 동
中宵地震動하고

차 중 유 광 현
此中有光現하니

선왕이 부인께 말하기를
내가 기억하니 지금부터 이레 전에
밤중에 땅이 진동하면서
여기서 광명이 나타나고

시 피 화 지 내
時彼華池內에

천 엽 연 화 출
千葉蓮華出호대

광 여 천 일 조
光如千日照하야

상 철 수 미 정
上徹須彌頂이라

그때에 저 연못 속에서

천엽千葉 연꽃이 피었는데

찬란하기가 일천 태양이 비춘 듯해서

수미산 꼭대기까지 사무쳤습니다.

금 강 이 위 경
金剛以爲莖하며

염 부 금 위 대
閻浮金爲臺하며

중 보 위 화 엽
衆寶爲華葉하며

묘 향 작 수 예
妙香作鬚藥이든

금강으로 줄기가 되고

염부단금은 꽃받침이 되고

여러 가지 보배는 꽃과 잎이 되고

묘한 향은 꽃술이 되었는데

왕 생 피 화 상
王生彼華上하야

단 신 결 가 좌
端身結跏坐하니

상 호 이 장 엄
相好以莊嚴하야

천 신 소 공 경
天神所恭敬이로다

그 연꽃에서 왕자가 탄생하여

단정하게 가부좌하고 앉으니
거룩한 모습으로 장엄하였으며
하늘의 신들이 공경하였습니다.

선 왕 대 환 희　　　　　　입 지 자 무 국
先王大歡喜하사　　　　　**入池自撫鞠**하야

지 이 수 부 인　　　　　　여 자 응 흔 경
持以授夫人호대　　　　　**汝子應欣慶**이어다

선왕은 매우 기뻐서
연못에 들어가 스스로 어루만지며
안고 나와서 부인께 주면서
당신의 아들이니 응당 기뻐하라 하였습니다.

비로자나 부처님의 전신인 싯다르타 왕자가 과거 생에
광명왕의 왕자로 탄생하는 모습을 묘사한 내용이다. 여기
에서 선왕이란 정반왕이고, 부인이란 마야부인이다. 두 사람
사이에서 태자가 났으니 그가 싯다르타이며 석가모니 비로
자나 부처님이다.

보장 개 용 출
寶藏皆涌出하고

보 수 생 묘 의
寶樹生妙衣하며

천 악 주 미 성
天樂奏美聲하야

충 만 허 공 중
充滿虛空中하니

묻혀 있던 보배는 솟아 나오고

보배 나무에는 옷이 열리며

하늘 음악의 아름다운 소리가

허공에 가득하였습니다.

일 체 제 중 생
一切諸衆生이

개 생 대 환 희
皆生大歡喜하야

합 장 칭 희 유
合掌稱希有호대

선 재 구 호 세
善哉救護世여

일체 모든 중생이

크게 환희하여

합장하고 희유한 일이라 외쳤습니다.

훌륭하여라, 세상을 구원할 이여.

석가모니 부처님이 세상에 태어나시니 땅속에 묻혀 있던

보배는 저절로 솟아 나오고, 보배로 된 나무에서는 옷이 저절로 열리고, 하늘에서는 저절로 아름다운 음악 소리가 울려 퍼진다. 석가모니 부처님이 세상에 출현하신 일에 대해서 과거 생을 이야기하여 그 덕화가 얼마나 큰 것인가를 나타내 보였다.

왕 시 방 신 광
王時放身光하사

보 조 어 일 체
普照於一切하사

능 령 사 천 하
能令四天下로

암 진 병 제 멸
暗盡病除滅하시니

왕자는 그때 몸에서 광명을 놓아

일체를 두루 비추니

능히 사천하로 하여금

어둠은 소멸하고 병은 없어졌습니다.

야 차 비 사 사
夜叉毘舍闍와

독 충 제 악 수
毒蟲諸惡獸의

소 욕 해 인 자
所欲害人者가

일 체 자 장 익
一切自藏匿이로다

야차와 비사사毘舍闍와

독한 벌레와 나쁜 짐승과

사람을 해치는 것들이

모두 저절로 숨어 버렸습니다.

석가모니 부처님이 세상에 출현하시어 바른 깨달음을 이루시니 어둡던 세상에 비로소 지혜의 광명이 환하게 비치었다. 세상 사람들의 어리석음과 번뇌는 소멸하고 온갖 갈등과 시시비비하는 투쟁은 사라져서 일체의 악은 없어지고 정직하고 선량한 세상이 되었다는 것을 과거 생의 일을 이야기하면서 나타내 보이고 있다.

악 명 실 선 리
惡名失善利와

횡 사 병 소 지
橫事病所持인

여 시 중 고 멸
如是衆苦滅이라

일 체 개 환 희
一切皆歡喜로다

나쁜 소문과 손해를 보는 것과
횡액과 병에 붙들리는 것 등
이와 같은 온갖 괴로움이 소멸되니
모든 사람들이 다 기뻐하였습니다.

범 시 중 생 류
凡是衆生類가

상 시 여 부 모
相視如父母하야

이 악 기 자 심
離惡起慈心하야

전 구 일 체 지
專求一切智로다

여러 중생들이
서로 보기를 부모와 같이 하고
나쁜 짓 버리고 인자한 마음으로
일체 지혜만을 구하였습니다.

관 폐 제 악 취
關閉諸惡趣하고

개 시 인 천 로
開示人天路하며

선 양 살 바 야
宣揚薩婆若하사

도 탈 제 군 생
度脫諸群生이로다

나쁜 길을 닫아 버리고
인간과 천상의 길을 열며
살바야薩婆若를 드날려
모든 중생을 제도합니다.

아 등 견 대 왕	보 획 어 선 리
我等見大王하고	**普獲於善利**호니
무 귀 무 도 자	일 체 실 안 락
無歸無導者가	**一切悉安樂**이니이다

우리들은 대왕을 뵈옵고
좋은 이익을 널리 얻으니
갈 데 없고 지도할 이 없는 이들
모두 다 안락을 얻었습니다.

석가모니 부처님이 이 세상에 출현하여 베푸신 덕화와 진
리의 가르침에 대해 개부일체수화주야신 선지식이 과거에 해
탈을 얻은 내용을 설명하면서 다시 드러내어 찬탄하여 밝힌
것이라고 볼 수 있다.

이 시　보 광 명 동 녀　이 게 찬 탄 일 체 법 음 원 만
爾時에 寶光明童女가 以偈讚歎一切法音圓滿

개 왕 이　　요 무 량 잡　합 장 정 례　곡 궁 공 경
蓋王已하고 繞無量帀하며 合掌頂禮하며 曲躬恭敬

　각 주 일 면
하고 却住一面하니라

"그때에 보광명 동녀는 게송으로 일체법음원만개왕
一切法音圓滿蓋王을 찬탄하고 나서, 한량없이 돌고 합장하고
엎드려 절하고는 허리를 굽혀 공경하며 한쪽으로 물러
갔습니다."

일체법음원만개왕은 곧 비로자나 부처님인 석가모니 부
처님의 전신이며, 보광명 동녀는 개부일체수화주야신 선지
식의 전신이라는 것을 다시 한 번 확인하여 밝힌다.

8〉 대왕이 보광명녀를 찬탄하다

시 피 대 왕　고 동 녀 언　　선 재 동 녀　여 능
時彼大王이 告童女言하사대 善哉童女여 汝能

신 지 타 인 공 덕　　시 위 희 유
信知他人功德하니 是爲希有로다

"그때에 그 대왕이 동녀에게 말하였습니다. '훌륭하여라. 동녀여, 그대가 다른 이의 공덕을 능히 믿고 아나니 희유한 일이로다.

동 녀　일 체 중 생　불 능 신 지 타 인 공 덕
童女야 一切衆生이 不能信知他人功德이니라

동녀여, 모든 중생들은 다른 이의 공덕을 믿지도 알지도 못하느니라.

동 녀　일 체 중 생　부 지 보 은　　무 유 지 혜
童女야 一切衆生이 不知報恩하고 無有智慧하며

기 심 탁 란　　성 불 명 료　　본 무 지 력　　우 퇴 수
其心濁亂하고 性不明了하며 本無志力하고 又退修

행　　여 시 지 인　불 신 부 지 보 살 여 래　소 유 공
行하나니 如是之人은 不信不知菩薩如來의 所有功

덕　　　신 통 지 혜
德과 **神通智慧**니라

　동녀여, 모든 중생들은 은혜 갚을 줄을 알지 못하며, 지혜가 없고 마음이 흐리며, 성품이 밝지 못하여 뜻의 힘이 없고, 또한 수행하는 일까지 물러나나니, 이와 같은 사람들은 보살과 여래의 공덕과 신통한 지혜를 믿지 않고 알지도 못하느니라.

동 녀　　여 금 결 정 구 취 보 리　　능 지 보 살 여 시
童女야 **汝今決定求趣菩提**하야 **能知菩薩如是**

공 덕　　여 금 생 차 염 부 제 중　　발 용 맹 심　　보
功德하며 **汝今生此閻浮提中**하야 **發勇猛心**하야 **普**

섭 중 생　　공 부 당 연　　역 당 성 취 여 시 공 덕
攝衆生하야 **功不唐捐**하니 **亦當成就如是功德**이로다

　동녀여, 그대는 이제 결정코 보리에 나아가려 하므로 보살의 이와 같은 공덕을 능히 아는 것이로다. 그대는 지금 이 염부제에 태어나서 용맹한 마음을 내어 중생을 널리 거두어 주는 공功이 헛되지 아니할 것이며, 또한 마땅히 이와 같은 공덕을 성취하리라.' 라고 하였습

니다."

비로자나 부처님인 석가모니 부처님의 전신 일체법음원 만개왕은 보광명 동녀가 자신의 덕화에 대해서 널리 찬탄하는 것을 듣고는 다시 보광명 동녀를 찬탄하였다.

왕 찬 여 이　　이 무 가 보 의　　수 자 수 여 보 광 동 녀
王讚女已에 以無價寶衣로 手自授與寶光童女

병 기 권 속　　　일 일 고 언　　　여 착 차 의　　　시
와 幷其眷屬하고 一一告言하사대 汝着此衣하라 時

제 동 녀　　쌍 슬 착 지　　양 수 승 봉　　치 어 정 상
諸童女가 雙膝着地하고 兩手承捧하야 置於頂上

연 후 이 착
이라가 然後而着하니라

"왕은 이렇게 동녀를 칭찬하고는 무가보의 옷을 가져 보광명 동녀와 그 권속들에게 손수 주며, 그대들은 이 옷을 입으라고 낱낱이 말하였습니다. 그때에 모든 동녀들은 무릎을 땅에 꿇고 두 손으로 옷을 받들어 머리 위에 올려놓았다가 입었습니다."

既着衣已_{하고} 右繞於王_{한대} 諸寶衣中_에 普出一
기 착 의 이　우 요 어 왕　제 보 의 중　보 출 일

切星宿光明_{이어늘} 衆人_이 見之_{하고} 咸作是言_{호대} 此
체 성 수 광 명　　중 인　견 지　　함 작 시 언　차

諸女等_이 皆悉端正_{하야} 如淨夜天_에 星宿莊嚴_{이라}
제 녀 등　개 실 단 정　　여 정 야 천　성 수 장 엄

하니라

"이미 옷을 입고는 왕의 오른쪽으로 돌았는데 모든
보배 옷에서 일체 별과 같은 광명이 두루 나오는 것을
여러 사람들이 보고 이렇게 말하였습니다. '이 모든 동
녀들이 모두 다 단정하여 마치 깨끗한 밤하늘의 별처럼
장엄하였습니다.'"

일체법음원만개왕이 보광명 동녀를 찬탄하고 나서 세상
의 값으로는 매길 수 없는 무가보의 옷을 동녀와 그 권속들
에게 일일이 나누어 주었다. 옷을 받아 입은 동녀들의 옷에
서는 무수한 별들의 광명이 나오고, 그것을 보는 사람들은
'이 모든 동녀들이 모두 다 단정하여 마치 깨끗한 밤하늘의
별처럼 장엄하였습니다.'라고 찬탄하였다. 이와 같이 법을 묻

고 법을 대답하여 석가모니 부처님의 크나큰 덕화를 다시 한 번 세상에 드러내어 상기하게 한 그 왕과 동녀는 누구인가.

9〉 과거의 일과 현재의 일을 밝히다

善男子야 爾時一切法音圓滿蓋王者는 豈異人乎아 今毘盧遮那如來應正等覺이 是也며 光明王者는 淨飯王이 是며

"선남자여, 그때에 일체법음원만개왕은 다른 사람이 아니라 지금의 비로자나 여래 응공 정등각입니다. 또 광명왕은 지금의 정반왕이십니다."

蓮華光夫人者는 摩耶夫人이 是며 寶光童女者는 卽我身이 是며 其王이 爾時에 以四攝法으로 所攝衆

생   즉차회중일체보살   시
生은 卽此會中一切菩薩이 是니

"연화광부인은 마야부인이시며, 보광동녀는 곧 저 자신입니다. 그 왕이 그때에 사섭법四攝法으로 섭수한 바의 중생들은 곧 이 회상에 있는 여러 보살들입니다."

일체법음원만개왕에 대해서는 수시로 밝혀 왔다. 광명왕이 정반왕의 전신이라는 것과 연화광부인이 마야부인의 전신이라는 것은 게송에서 간략이 언급하였다. 보광명 동녀는 개부일체수화주야신 선지식의 전신이라는 것도 자주 밝혔다. 그때의 일체법음원만개왕이 사섭법으로 다 섭수하여 교화하고 조복한 중생은 지금의 이 회상에 있는 모든 보살들이라고 하였다. 그렇다면 이 개부일체수화주야신 선지식의 이야기는 지금의 석가모니 비로자나 부처님의 과거와 현재를 뜻으로 간략히 살펴본 것과 같다.

개 어 아 뇩 다 라 삼 먁 삼 보 리   득 불 퇴 전   혹
皆於阿耨多羅三藐三菩提에 得不退轉하며 或

주초지　　　내지십지　　　구　종　종　대　원　　　집　종　종
住初地와 乃至十地하며 具種種大願하며 集種種

조　도　　　수　종　종　묘　행　　　비　종　종　장　엄　　　득　종　종
助道하며 修種種妙行하며 備種種莊嚴하며 得種種

신　통　　　주　종　종　해　탈　　　어　차　회　중　　　처　어　종　종　묘
神通하며 住種種解脫하야 於此會中에 處於種種妙

법　궁　전
法宮殿하니라

"모두 아뇩다라삼먁삼보리에서 물러나지 않고, 혹 초지初地에도 있고 내지 십지十地에도 있으면서 여러 가지 큰 서원을 갖추고, 여러 가지 도道를 돕는 법을 모으고, 여러 가지 묘한 행을 닦아서, 여러 가지 장엄을 갖추고, 여러 가지 신통을 얻고, 여러 가지 해탈에 머물러 있으면서 이 법회 가운데 여러 가지 묘한 법의 궁전에 거처하고 있습니다."

화엄회상에 동참한 보살들의 면면을 낱낱이 밝혔는데 이 보살들은 모두 과거 일체법음원만개왕이 사섭법으로 교화한 이들이다. 그렇다면 사섭법四攝法이란 무엇인가. 고통 세

계의 중생을 구제하려는 보살이 중생들을 불도에 이끌어 들이기 위한 네 가지 방법이다. ① 보시섭布施攝은 상대편이 좋아하는 재물이나 법을 보시하여 친절한 정의情誼를 감동케 하여 이끌어 들이는 일이다. ② 애어섭愛語攝은 부드럽고 온화한 말을 하여 친해서 이끌어 들이는 일이다. ③ 이행섭利行攝은 동작과 언어와 의념意念에 선행善行으로 중생을 이익하게 하여 이끌어 들이는 일이다. ④ 동사섭同事攝은 상대편의 근성根性을 따라 변신變身하여 친하며 행동을 같이하여 이끌어 들이는 일이다. 중생들을 교화하고 제도하는 데 이보다 더 훌륭한 방법은 없기 때문에 육바라밀과 사무량심과 함께 가장 많이 활용된다.

10〉 게송으로 거듭 설하다

이 시　개 부 일 체 수 화 주 야 신　위 선 재 동 자
爾時에 **開敷一切樹華主夜神**이 **爲善財童子**하사

욕 중 선 차 해 탈 의　　이 설 송 언
欲重宣此解脫義하야 **而說頌言**하사대

그때에 개부일체수화주야신이 선재동자를 위하여 이

해탈의 뜻을 거듭 펴려고 게송을 설하였습니다.

아 유 광 대 안
我有廣大眼하야

보 견 어 시 방
普見於十方

일 체 찰 해 중
一切刹海中에

오 취 윤 회 자
五趣輪廻者하며

저에게는 넓고 큰 눈이 있어

시방의 모든 세계 바다에서

다섯 길에 윤회하는 이들을

모두 다 보며

역 견 피 제 불
亦見彼諸佛이

보 리 수 하 좌
菩提樹下坐하사

신 통 변 시 방
神通徧十方하야

설 법 도 중 생
說法度衆生호라

또한 저 모든 부처님께서

보리수 아래 앉으시니

신통이 시방에 가득하며

법을 설하여 중생 제도함을 봅니다.

개부일체수화주야신 선지식은 천안통天眼通, 즉 넓고 큰 눈이 있어서 중생들이 오취五趣에 윤회하는 것을 보기도 하고, 또 모든 부처님이 보리수나무 아래에 앉아 시방세계에 다 신통을 나타내며 법을 설하여 중생들을 제도하는 것을 보기도 한다. 오취五趣란 5악취惡趣 · 5도道 · 5유有라고도 한다. 취趣는 중생이 업인業因에 의하여 나아간다는 곳이다. 여기에 지옥 · 아귀 · 축생 · 인간 · 천상의 5종이 있다.

아 유 청 정 이
我有淸淨耳하야

보 문 일 체 성
普聞一切聲하며

역 문 불 설 법
亦聞佛說法하고

환 희 이 신 수
歡喜而信受호라

저에게는 청정한 귀가 있어
온갖 소리를 다 듣고
또한 부처님의 설법도 다 듣고
환희하며 믿고 받아들입니다.

개부일체수화주야신 선지식은 천이통天耳通이 있어서 세상의 모든 소리를 다 듣고 또한 부처님의 설법하시는 소리도 다 들어 환희하며 믿고 받아들인다.

아 유 타 심 지
我有他心智하니

무 이 무 소 애
無二無所礙하야

능 어 일 념 중
能於一念中에

실 료 제 심 해
悉了諸心海호라

저에게는 남의 마음을 아는 지혜가 있어서
나와 남이 둘도 없고 걸림도 없어서
능히 한 생각 속에서
모든 마음 바다를 다 압니다.

아 득 숙 명 지
我得宿命智하야

능 지 일 체 겁
能知一切劫에

자 신 급 타 인
自身及他人하야

분 별 실 명 료
分別悉明了호라

저에게는 숙명을 아는 지혜가 있어서

능히 여러 겁 동안에 있었던
내 일과 남의 일을 알아
분별하여 모두 다 명료합니다.

개부일체수화주야신 선지식은 또 타심통과 숙명통이 있
어서 모든 사람들의 마음 바다를 다 알고, 자신과 다른 사
람들이 과거 생에 어떻게 살아왔는지를 다 잘 안다.

아 어 일 념 지
我於一念知

찰 해 미 진 겁
刹海微塵劫에

제 불 급 보 살
諸佛及菩薩과

오 도 중 생 류
五道衆生類호라

저는 또 잠깐 동안에
세계해의 티끌 같은 겁 동안
모든 부처님과 보살과
다섯 길의 중생들을 압니다.

억 지 피 제 불　　　　　시 발 보 리 원
憶知彼諸佛의　　　　**始發菩提願**과

내 지 수 제 행　　　　　일 일 실 원 만
乃至修諸行하야　　　**一一悉圓滿**하며

저 모든 부처님께서

처음에 보리의 원을 내시고

내지 여러 가지 행을 닦아서

낱낱이 다 원만하심을 압니다.

역 지 피 제 불　　　　　성 취 보 리 도
亦知彼諸佛의　　　　**成就菩提道**하사

이 종 종 방 편　　　　　위 중 전 법 륜
以種種方便으로　　　**爲衆轉法輪**하며

또 저 모든 부처님께서

보리를 성취하시고

가지가지 방편으로

중생을 위하여 법륜을 굴리심을 압니다.

역 지 피 제 불
亦知彼諸佛의

소 유 제 승 해
所有諸乘海와

정 법 주 구 근
正法住久近과

중 생 도 다 소
衆生度多少호라

또 저 모든 부처님께서
가지신 모든 승乘과
바른 법이 머무는 동안과
얼마나 중생을 건지시는지를 압니다.

아 어 무 량 겁
我於無量劫에

수 습 차 법 문
修習此法門일새

아 금 위 여 설
我今爲汝說하노니

불 자 여 응 학
佛子汝應學이어다

저는 한량없는 겁 동안
이 법문을 닦아 익혀서
제가 이제 그대에게 말하노니
불자여, 그대는 마땅히 배우십시오.

개부일체수화주야신 선지식에게는 여섯 가지 신통 외에

도 여러 가지 능력이 있어서 모든 부처님께서 처음에 깨달음의 원을 내시고, 또한 여러 가지 행을 닦아서 낱낱이 다 원만하심을 다 안다. 또 부처님이 법륜을 굴리시는 일과, 정법이 얼마나 오래 머물며, 중생들을 얼마나 제도하는지를 다 안다. 그러면서 스스로 마땅히 잘 배우기를 권하였다.

3) 자기는 겸손하고 다른 이의 수승함을 추천하다

善^선男^남子^자야 我^아唯^유知^지此^차菩^보薩^살出^출生^생廣^광大^대喜^희光^광明^명解^해

脫^탈門^문이어니와 如^여諸^제菩^보薩^살摩^마訶^하薩^살은 親^친近^근供^공養^양一^일切^체諸^제

佛^불하야 入^입一^일切^체智^지大^대願^원海^해하며

"선남자여, 저는 다만 이 보살의 광대한 기쁨을 내는 광명의 해탈문을 알거니와 모든 보살마하살은 일체 모든 부처님을 가까이 모시고 공양하며 일체 지혜의 큰 서원 바다에 들어가며,

만 일 체 불 제 원 해　　득 용 맹 지　　어 일 보 살
滿一切佛諸願海하며 得勇猛智하야 於一菩薩

지　보 입 일 체 보 살 지 해　　득 청 정 원　　어 일 보
地에 普入一切菩薩地海하며 得淸淨願하야 於一菩

살 행　보 입 일 체 보 살 행 해
薩行에 普入一切菩薩行海하며

　　모든 부처님의 서원 바다를 만족하게 하며, 용맹한
지혜를 얻어 한 보살의 지위에서 모든 보살 지위의 바
다에 들어가며, 청정한 서원을 얻어 한 보살의 행에서
모든 보살의 수행 바다에 널리 들어가며,

득 자 재 력　　어 일 보 살 해 탈 문　　보 입 일 체 보
得自在力하야 於一菩薩解脫門에 普入一切菩

살 해 탈 문 해　　이 아 운 하 능 지 능 설 피 공 덕 행
薩解脫門海하나니 而我云何能知能說彼功德行
이리오

　　자유자재한 힘을 얻어 한 보살의 해탈문에서 모든
보살의 해탈문 바다에 널리 들어갑니다. 그러나 제가
그러한 공덕의 행을 어떻게 능히 알며 능히 말할 수 있

겠습니까."

4) 다음 선지식 찾기를 권유하다

선남자　차도량중　유일야신　　명대원정
善男子야 **此道場中**에 **有一夜神**하니 **名大願精**

진력구호일체중생　　여예피문　　보살　운하
進力救護一切衆生이니 **汝詣彼問**호대 **菩薩**이 **云何**

교화중생　　영취아뇩다라삼먁삼보리　　운하
教化衆生하야 **令趣阿耨多羅三藐三菩提**며 **云何**

엄정일체불찰　　운하승사일체여래　운하수
嚴淨一切佛刹이며 **云何承事一切如來**며 **云何修**

행일체불법
行一切佛法이리잇고하라

"선남자여, 이 도량 안에 한 주야신이 있으니 이름이
대원정진력구호일체중생大願精進力救護一切衆生 입니다. 그대
는 그에게 가서 '보살이 어떻게 중생을 교화하여 아뇩
다라삼먁삼보리에 나아가게 하며, 어떻게 모든 부처님
세계를 깨끗이 장엄하며, 어떻게 모든 여래를 받들어

섬기며, 어떻게 모든 부처님의 법을 수행합니까?'라고
물으십시오."

<ruby>時<rt>시</rt></ruby>에 <ruby>善財童子<rt>선재동자</rt></ruby>가 <ruby>頂禮其足<rt>정례기족</rt></ruby>하며 <ruby>繞無數帀<rt>요무수잡</rt></ruby>하며 <ruby>殷<rt>은</rt></ruby>

<ruby>勤瞻仰<rt>근첨앙</rt></ruby>하고 <ruby>辭退而去<rt>사퇴이거</rt></ruby>하나니라

그때에 선재동자는 그의 발에 엎드려 절하고 수없이
돌고 은근하게 앙모하면서 하직하고 물러갔습니다.

입법계품 13 끝

〈제72권 끝〉

華嚴經 構成表

分次	周次		內容	品數	會次
舉果勸樂生信分 (信)	所信因果周		如來依正	世主妙嚴品 第一 如來現相品 第二 普賢三昧品 第三 世界成就品 第四 華藏世界品 第五 毘盧遮那品 第六	初會
修因契果生解分 (解)	差別因果周	差別因	十信	如來名號品 第七 四聖諦品 第八 光明覺品 第九 菩薩問明品 第十 淨行品 第十一 賢首品 第十二	二會
			十住	昇須彌山頂品 第十三 須彌頂上偈讚品 第十四 十住品 第十五 梵行品 第十六 初發心功德品 第十七 明法品 第十八	三會
			十行	昇夜摩天宮品 第十九 夜摩天宮偈讚品 第二十 十行品 第二十一 十無盡藏品 第二十二	四會
			十迴向	昇兜率天宮品 第二十三 兜率宮中偈讚品 第二十四 十迴向品 第二十五	五會
			十地	十地品 第二十六	六會
			等覺	十定品 第二十七 十通品 第二十八 十忍品 第二十九 阿僧祇品 第三十 如來壽量品 第三十一 菩薩住處品 第三十二	七會
		差別果	妙覺	佛不思議法品 第三十三 如來十身相海品 第三十四 如來隨好光明功德品 第三十五	
	平等因果周	平等因		普賢行品 第三十六	
		平等果		如來出現品 第三十七	
托法進修成行分 (行)	成行因果周		二千行門	離世間品 第三十八	八會
依人證入成德分 (證)	證入因果周		證果法門	入法界品 第三十九	九會

會場	放光別	會主	入定別	說法別舉
菩提場	遮那放齒光眉間光	普賢菩薩爲會主	入毘盧藏身三昧	如來依正法
普光明殿	世尊放兩足輪光	文殊菩薩爲會主	此會不入定．信未入位故	十信法
忉利天宮	世尊放兩足指光	法慧菩薩爲會主	入無量方便三昧	十住法門
夜摩天宮	如來放兩足趺光	功德林菩薩爲會主	入菩薩善思惟三昧	十行法門
兜率天宮	如來放兩膝輪光	金剛幢菩薩爲會主	入菩薩智光三昧	十廻向法門
他化天宮	如來放眉間毫相光	金剛藏菩薩爲會主	入菩薩大智慧光明三昧	十地法門
三會普光明殿	如來放眉間口光	如來爲會主	入剎那際三昧	等妙覺法門
會普光明殿	此會佛不放光．表行依解法依解光故	普賢菩薩爲會主	入佛華莊嚴三昧	二千行門
祇陀園林	放眉間白毫光	如來善友爲會主	入獅子頻申三昧	果法門

如天 無比

1943년 영덕에서 출생하였다. 1958년 출가하여 덕흥사, 불국사, 범어사를 거쳐 1964년 해인사 강원을 졸업하고 동국역경연수원에서 수학하였다. 10여 년 선원생활을 하고 1976년 탄허스님에게 화엄경을 수학하고 전법, 이후 통도사 강주, 범어사 강주, 은해사 승가대학원장, 대한불교조계종 교육원장, 동국역경원장, 동화사 한문불전승가대학원장 등을 역임하였다. 2018년 5월에는 수행력과 지도력을 갖춘 승랍 40년 이상 되는 스님에게 품서되는 대종사 법계를 받았다.

현재 부산 문수선원 문수경전연구회에서 150여 명의 스님과 300여 명의 재가 신도들에게 화엄경을 강의하고 있다. 또한 다음 카페 '염화실'(http://cafe.daum.net/yumhwasil)을 통해 '모든 사람을 부처님으로 받들어 섬김으로써 이 땅에 평화와 행복을 가져오게 한다.'는 인불사상(人佛思想)을 펼치고 있다.

저서로『대방광불화엄경 실마리』,『무비스님의 왕복서 강설』,『무비스님이 풀어 쓴 김시습의 법성게 선해』,『법화경 법문』,『신금강경 강의』,『직지 강설』(전 2권),『법화경 강의』(전 2권),『신심명 강의』,『임제록 강설』,『대승찬 강설』,『유마경 강설』,『당신은 부처님』,『사람이 부처님이다』,『이것이 간화선이다』,『무비 스님과 함께하는 불교공부』,『무비 스님의 증도가 강의』,『일곱 번의 작별인사』, 무비 스님이 가려 뽑은 명구 100선 시리즈(전 4권) 등이 있고 편찬하고 번역한 책으로『화엄경(한글)』(전 10권),『화엄경(한문)』(전 4권),『금강경 오가해』 등이 있다.

대방광불화엄경 강설 제72권

| 초판 1쇄 발행_ 2017년 11월 3일
| 초판 2쇄 발행_ 2020년 1월 18일

| 지은이_ 여천 무비(如天 無比)
| 펴낸이_ 오세룡
| 편집_ 박성화 손미숙 김정은 이연희
| 기획_ 최은영 곽은영
| 디자인_ 고혜정 김효선 장혜정
| 홍보 마케팅_ 이주하
| 펴낸곳_ 담앤북스
　　　　서울특별시 종로구 새문안로3길 23 경희궁의 아침 4단지 805호
　　　　대표전화 02)765-1251 전송 02)764-1251 전자우편 damnbooks@hanmail.net
　　　　출판등록 제300-2011-115호
| ISBN 979-11-6201-015-0 04220

정가 14,000원

ⓒ 무비스님 2017